基金项目：湖南省教育厅教学改革一般项目"独立学院院校转型升级的路径研究"（ZJGB2020083）

高职教育人才培养模式发展探析

陈　路◎著

中国原子能出版社

图书在版编目（CIP）数据

高职教育人才培养模式发展探析 / 陈路著 . -- 北京：
中国原子能出版社，2022.11
ISBN 978-7-5221-2538-1

Ⅰ．①高… Ⅱ．①陈… Ⅲ．①高等职业教育－人才培
养－研究－中国 Ⅳ．① G718.5

中国版本图书馆 CIP 数据核字（2022）第 236994 号

高职教育人才培养模式发展探析

出版发行	中国原子能出版社（北京市海淀区阜成路 43 号　100048）
责任编辑	马世玉　杨晓宇
责任印制	赵　明
印　　刷	北京天恒嘉业印刷有限公司
经　　销	全国新华书店
开　　本	787 mm×1092 mm　　1/16
印　　张	12.75
字　　数	228 千字
版　　次	2022 年 11 月第 1 版　　　2022 年 11 月第 1 次印刷
书　　号	ISBN 978-7-5221-2538-1　　定　价 72.00 元

作者简介

陈路，女，汉族，1979年8月出生，湖南省岳阳市人，毕业于中南大学，硕士学位，公共卫生管理专业。现任教于东莞职业技术学院，医学副教授，研究方向为高职护理教育、母婴保健。主持并完成湖南省教育厅科研项目3项，主持国家助产专业资源库课程1项，发表论文十余篇，获得湖南省高职教育教学成果一等奖1项、广东省职业院校技能大赛教学能力比赛一等奖1项。

前　言

　　高职教育是伴随着经济社会发展与变革而出现的一种特殊的教育类型，它是高等教育的重要组成部分，受高等教育人才培养目标及培养规范的约束；同时又是职业教育的高级形式，以培养高端应用型技术技能人才为根本要务。随着"十二五"期间我国经济社会的快速发展，高职教育得到快速发展，为我国社会转型和经济腾飞培养了大批高端技术技能人才。目前，高职教育已经成为经济社会发展的中流砥柱、高等教育大众化推向纵深的主路径、提高劳动力素质的主阵地，是区域经济社会发展的秘密武器，在社会经济生产中发挥着难以替代的重要作用。

　　加强高职教育建设，有助于为社会经济发展提供复合型、实用型的高级技能人才，也有助于推动我国高等教育结构优化。但是，当前的高职教育发展中，仍存在着难以与社会需求高度适配的情况，尤其是人才培养方面。从社会需求看，企业所急需的人才是智能型的、实用型的高级技能人才，并且需求量较大，但是从高职院校看，其所培养出的人才在数量和质量上都难以满足这部分缺口。所以，随着社会经济不断发展，高职教育只有不断深化改革，优化人才培养模式，才能提升社会认可度，才能更好地满足社会需求，实现现代化。

　　在政策的支持下，高职护理教育取得了明显的发展成果。在医药领域不断发展的今天，需要更多的优质护理人才。护理与民生息息相关，教育部门和医疗企业不仅重视护理人才数量，而且更加重视其质量。为了满足社会需求，满足其高要求，高职护理教育应当持续加强改革，培养出大批优质的高级护理人才。高职护理院校还应不断革新办学理念，加强教学创新。

本书共分为五章，其中第一章为高职教育概述，共分为两节进行叙述，分别为高职教育的起步与发展、高职教育价值定位；第二章为高职教育人才培养模式的发展，本章内容共分为三节，分别为高职教育人才培养模式界定、高职教育发展中的继承与变革、高职教育人才培养理念模式的更新；第三章主要内容为高职教育人才培养模式现状与问题，共分为三节，分别为国外高职院校人才培养的典型模式、国内高职院校人才培养的发展、高职人才培养模式的特征与发展趋势分析；第四章主要叙述了高职教育人才培养模式探索，共分为四节，分别为"类型教育"视角下人才培养新探索、"创新创业＋"人才培养模式体系构建、"实境耦合"人才培养模式探索、"校企共育能力递增"人才培养模式探索；第五章为高职护理教育模式重建研究，共分为四节对相关内容进行叙述，分别为高职护理教育现状的调研分析、高职护理教育模式的重建、高职护理教育人才培养模式的特征与规律、高职护理专业"素质教育模式"的具体构建。

在撰写本书的过程中，作者得到了许多专家学者的帮助和指导，参考了大量的学术文献，在此表示真诚的感谢。本书内容系统全面，论述条理清晰、深入浅出，但由于作者水平有限，书中难免会有疏漏之处，希望广大读者批评指正。

目 录

第一章　高职教育概述

高职教育指高职院校的教育。本章主要内容为高职教育概述，共分为两节进行叙述，其中第一节的主要内容为高职教育的起步与发展，第二节的主要内容为高职教育价值定位。

第一节　高职教育的起步与发展

1978 年，我国做出了改革开放的伟大决策，社会各领域的发展进入了快车道，对各类技术技能型人才在数量和质量上都提出了更高的要求。在此背景下，党和政府高度重视建立并完善现代职业教育体系，尤其重视加强高等职业教育发展，以满足社会主义经济建设和社会发展对高水平专业技术型人才的大量需求。我国高等职业教育开始起步并得以长足发展。与此同时，产业结构的不断升级和经济结构的不断调整为我国高等职业教育提供了发展机遇，同时也带来很大的挑战，要求我国高等职业教育不断深化改革，全面提高人才培养质量，以满足社会主义现代化建设对高素质人才的要求。随着人才培养标准的不断提高，我国高等职业院校非常重视人才培养模式改革，培养社会发展真正需要的技术型人才，增强高职教育服务经济社会发展的能力，同时促进高职学生的全面可持续发展。

一、高职教育的起步

党的十一届三中全会召开以后，为了适应国民经济的恢复和发展，满足社会主义现代化全面建设的要求，缓解地方经济飞速发展与高技能人才奇缺的矛盾，我国经济发达地区提出了创办职业大学的设想。1980 年 8 月 27 日，我国第一所职业大学——金陵职业大学在江苏省南京市诞生。有学者认为金陵职业大学的创办"开创了中心城市举办大学的先河，成为高等职业教育兴起的先导，标志着高等职业教育类型的诞生"。同年，教育部又陆续批准成立了无锡职业大学、江汉大学、杭州工业专科学校、西安大学、本溪大学等 12 所职业大学。1982 年，第五届全国人民代表大会第五次会议批准了《中华人民共和国国民经济和社会发展第六个五年计划（1981—1985）》，在其第二十八章"高等和中等专业教育"中提出提高大学专科比重。试办一些花钱少、见效快、酌收学费、学生尽可能走读、毕业生择优录用的专科学校和短期职业大学。正式将创办短期职业大学列入经济发展规划之中，并明确了短期职业大学的办学方向和办学特色。1983 年 4 月 28 日，国务院批转教育部、国家计划委员会的《关于加速发展高等教育的报告》中提出，要积极提倡大城市、经济发展较快的中等城市和大企业举办高等专科学校和短期职业大学。要求职业大学"为本地区、本单位培养人才"。此后又多次强调要创办多种形式的短期职业大学，来开展高等职业教育。

1985 年 5 月 27 日，《中共中央关于教育体制改革的决定》（以下简称为《决定》）提出发展职业技术教育要以中等职业技术教育为重点，发挥中等专业学校的骨干作用，同时积极发展高等职业技术院校，优先对口招收中等职业技术学校毕业生以及有本专业实践经验、成绩合格的在职人员入学，逐步建立起一个从初级到高级、行业配套、结构合理又能与普通教育相互沟通的职业技术教育体系。《决定》正式提出要积极发展高等职业技术院校，强调建立一个从初级到高级的职业技术教育体系。"高等职业技术院校"和"高等职业教育"正式出现在官方政策文件中，确立了高等职业教育在职业技术教育体系中的重要地位，明确了高等职业教育在教育体制中的定位。

1980—1985 年，在国家和政府的鼓励与支持下，全国各地共开办了 120 多所职业大学，它们面向地方中小企业、服务社会经济发展，投入小、节约资源，快速培养了一批高层次的技术型劳动者，缓解了当时高技术人才匮乏的局面。从严格意义上来讲，这是我国最早的高等职业教育学校，标志着我国高等职业教育的正式起步。然而，由于这类职业学校在我国的发展时间不长，存在经验不足，政府重视不够等问题，多数职业大学把高职教育办成了"压缩式"本科，其在人才培养目标、人才培养标准、专业设置、人才培养方案等方面与普通高等专科学校相比，实质上差别不大，职业教育特色不明显，存在一定缺陷。

1986 年 7 月 2 日，国家教委、国家计委、国家经委、劳动人事部联合召开了第一次全国职业技术教育工作会议，并在这次会议上大体划分了高等职业教育的范围。同年 12 月 15 日，国务院发布《普通高等学校设置暂行条例》，正式将高等职业学校纳入普通高等学校，与全日制大学、独立设置的学院和高等专科学校并列，规定高职学校主要培养高等专科层次的专门人才，以职业技术教育为主，全日制在校学生计划招生规模在一千人以上，对高职学校的招生条件、课程设置、师资配置、基础设施建设等相关方面作出具体规定。高等职业学校在高等学校中的地位得以确立，高等职业学校的人才培养模式逐步清晰，并不断得以完善。

从整体上看，20 世纪 80 年代是我国高等职业教育的正式起步阶段。短期职业大学是我国第一批真正意义上的高等职业院校。1985 年《中共中央关于教育体制改革的决定》在政策文件中正式提出发展"高等职业技术院校"，建立一个从初级到高级的职业教育体系，将高等职业教育正式纳入国民教育体系。1986 年《普通高等学校设置暂行条例》正式将高等职业学校纳入普通高等学校，首次明确了高等职业教育的高等属性，并对高职院校的人才培养目标和具体的人才培养方式作出了明确规定。自此我国高等职业教育正式起步，高等职业院校的人才培养模式初具模型。

二、高职教育的探索

（一）五年制技术专科

20 世纪 80 年代，除了短期职业大学兴办高等职业教育外，还兴起了"五年制高职教育"新模式。1984 年 4 月 10 日，教育部在《关于高等工程教育层次、规格和学习年限调整改革问题的几点意见》中提出了试办从初中毕业生中招生、学习年限为五年的专科班的设想，之后，教育部批准集美航海专科学校试办招收初中毕业生、学制五年的专科班。这是改革开放以来第一次试办五年制专科。当年集美航海专科学校试计划招生 60 人，实际录取 53 人。1985 年，原国家教委同意在上海电机制造学校、西安航空工业学校和北京国家地震局天水地震学校 3 所普通中专学校试办"五年制技术专科"教育。1991 年 1 月 25 日，国家教委又同意邢台高等职业技术学校试办初中毕业后五年制技术专科教育。五年制技术专科教育实现了中职教育和高职教育的有机衔接，探索出一种新的具有中国特色的高职教育办学模式。五年制高职教育以普通专科技术学校为依托，招收初中毕业生，进行两个阶段的学习。第一阶段，用两年时间按中专教学计划学习文化课和部分专业基础课；第二阶段，用三年时间按专科教学计划学习相关课程；最终颁发专科学历证书。

与短期职业大学相比，五年制技术专科具有很大的优势，一是有效衔接了中等和高等职业教育，便于统筹安排教学计划，从而节约了时间，提高了办学效率和教育效益。二是招收初中毕业生，学生年龄小、可塑性强，有效教学时间长，为学生职业意识和职业能力的培养创造了良好的条件，使得学生的职业技能非常扎实。此外，五年制技术专科教育非常重视实践性教学，通过实验、实习、实训、课程设计、毕业设计等方式来提升学生的职业能力，增强学生的动手能力和实践能力。

1985 年 9 月至 1991 年 1 月，国家教委三次召开三所试办学校座谈会，分别就培养目标、职教特色、如何加强学生实践动手能力、外语能力、新技术运用能力、分流办法、教学计划制订、师资建设、教师职称评定等进行探索交流，完善办学模式。到 1995 年，经过 10 年的试点工作，五年制高职教育取得了重大成果。一方面培养了一大批高水平的技术人才，缓解了经济建设对高级技术人才的需求。另一方面探索并完善了五年制技术专科办学模式，促进了高职教育的多样化发展。以上海电机制造学校为例，1985—1995 年，五年制专科毕业生共计 863 名，全部分配就业。1990 年，在校学生 1479 人，1995 年猛增至 3018 人。1990—1994 年，学校就业率每年均达到 100%，因素质好、有特色受到用人单位好评。五年制技术专科教育不仅推动了学校的规模化发展，为国家经济建设培养了大批高级技术人才，还完善了五年制高职教育办学模式，推动了高职教育的发展。显然，五年制技术专科试点非常成功。

从总体上来看，五年制技术专科满足了当时国家经济建设和生产第一线岗位对高技术应用型人才的迫切需求，促进了高等职业教育的多样化发展，拓宽了高水平技术人才的培养渠道，受到了用人单位和社会的认可与欢迎。同时，五年制技术专科促进了中等职业教育和高等职业教育的有效衔接，有助于中、高职教育的一体化发展。

（二）"三改一补"政策

进入 20 世纪 90 年代，随着中国特色社会主义建设事业的全面推进，经济建设对应用型技术人才在质和量上都提出了更高的要求，党和政府强调要大力发展职业教育，尤其重视高等职业教育的发展。

1991 年 10 月 17 日，国务院发布《关于大力发展职业技术教育的决定》，对职业技术教育的性质、地位、作用以及方向、任务、措施等都做了明确规定，并提出要积极推进现有职业大学的改革，努力办好一批培养技艺性强的高级操作人员的高等职业学校，再一次强调要积极发展高等职业教育，并重申了建立初等、中等、高等职业教育体系的要求，强调了高等职业教育是职业教育体系的重要组成部分。1993 年，全国教育工作会议明确指出我国教育今后发展的两个重点，一是基础教育（重中之重），二是职业技术教育。会后由国务院颁布的《中国教育改革和发展纲要》更加明确了职业教育是现代教育的重要组成部分，是工业化和生产社会化、现代化的重要支柱。再次强调了发展职业教育的重要性。1994 年 7 月，《国务院关于〈中国教育改革和发展纲要〉的实施意见》认为应当有计划地实行小学后、初中后、高中后三级分流，大力发展职业教育，逐步形成初等、中等、高等职业教育和普通教育共同发展、相互衔接、比例合理的教育系列。强调了举办高等职业教育的重要作用及其在整个国民教育体系中的重要位置。在此背景下，党和政府更加重视发展职业技术教育，尤其重视高等职业教育的发展，强调高等职业教育办学主体的多元化和办学形式的多样化。

1994 年，在第二次全国教育工作会议上，国家领导人更系统地提出发展高等职业教育的任务。未来应当适当扩大规模的重点教育领域是高等专科教育和高等职业教育。同时，提出要将"三改一补"政策作为此后我国高等职业教育发展的基本方针，即通过现有的职业大学、部分高等专科学校和独立设置的成人高校改革办学模式，调整培养目标来发展高等职业教育。

经批准利用少数具备条件的重点中等专业学校改制或举办高职班等方式作为补充来发展高等职业教育。同年，《国务院关于〈中国教育改革和发展纲要〉的实施意见》再次提出要通过改革现有高等专科学校、职业大学和成人高校以及举办灵活多样的高等职业班等途径，积极发展高等职业教育。基于此，国家开始对高等职业教育的结构进行初步调整与完善，我国高等职业教育的办学途径和发展思路基本确定。

基于"三改一补"的基本方针，成人高校、职业大学、高等专科学校改革人才培养目标和办学模式，积极开办高等职业教育。高职教育的办学途径得以拓宽，办学规模得以扩大。一部分有条件的成人高校试办高职教育，并逐步开展试点工作，至1994年，全国有10个省、2个部委共41所成人高校和4所普通高校的成人教育学院试办了35种专业的高职班。1995年11月9日，国家教委印发《关于成人高等学校试办高等职业教育的意见》，要求培养德、智、体全面发展的实用性、技能性较强的生产、工作第一线的专科层次（含管理、操作、服务等）人才，毕业生应掌握职业岗位所要求的专业知识（技术理论），具有较高的职业技能和实际工作能力。对成人高校开办高职教育的办学模式和人才培养目标进行了明确规定。至1999年，开办高职教育的成人高校试点学校达到563所。

1995年10月，《国家教委关于推动职业大学改革与建设的几点意见》中强调要进一步明确职业大学在我国高等职业教育事业发展中的地位和作用，要切实加强对职业大学的领导，并对推动职业大学改革与建设的基本要求和主要措施做了详细说明，旨在促进职业大学的健康发展，使其在我国高等职业教育的发展和经济建设中发挥更大的作用。同年12月19日，国家教委又印发《关于开展建设示范性职业大学工作的原则意见》，提出了示范性职业大学建设的标准，并对示范性职业大学建设工作进行了部署。至1988年全国职业大学回升到101所，当年招收新生62751人，在校生共达148561人，学校数量和在校生人数达到1990年以来最高。

这一阶段，高等专科教育强调规模化发展和特色化发展，重视对现有高等专科学校的改革。在人才培养目标上，高等专科学校除了要培养在一定学科领域具有应用性的人才之外，还要培养一部分技艺性较强、岗位针对性较强的人才，即肩负开展高等职业教育的使命。至1998年，我国有专科学校428所，比1978年增加300所，专科学生117.4万人，占普通本、专科学生总数340.87万人的34.4%。但由于高等专科学校教育定位不明确、政策支持不足、投入不足、办学条件较差等原因，其在发展高等职业教育中的作用并没有充分发挥。

在高等技术专科十年试点的基础上，国家在多所中专学校试办高职班，继续探索五年制高职教育。1994年，国家教委批准成都航空工业学校等10所中等专业学校试办五年制高职班，继续探索五年制高职教育。其中，试点专业共计22个，要求从职业分析入手制订教学计划和教学大纲，课程设置注重职业能力训练，实践性教学环节课时数应在教学计划中占50%左右。1995年11月18日，10所五年制高职试点学校在无锡市举行例会，系统讨论了五年制高职教育的内涵、培养目标、教学计划、特色和优势。1996 年 6 月 14 日，国家教委批准大连海运学校等 8 所中等专业学校举办初中后五年制高职班。1996 年 11 月 16 日，五年制高职试点学校在郑州举行会议，成立了"全国五年制高等职业教育学校协作会"，通过了《全国五年制高等职业教育学校协作会工作条例》，并决定编发《全国五年制高等职业教育信息》。1997 年 5 月 19 日，国家教委办公厅发文同意 1994 年始办的高职班扩大试点专业点数和招生规模。至此，试办初中后五年制高职的学校共有 22 所，试点专业 66 种，试点专业点 74 个。五年制高职教育模式渐趋完善，办学特色渐趋明显，成为我国高等职业教育的重要组成部分。

"三改一补"政策整合了现有的高等教育资源，明确了我国高职教育的办学主体、发展方向和办学特色，拓宽了我国高等职业教育的办学渠道，是我国高等职业教育发展的重要转折点，极大地推动了我国高职教育的发展，适应了当时中国特色社会主义经济建设对高技术人才的需求。

（三）高职教育的规范化

在"三改一补"政策实施的背景下，我国高职院校大量增加，高职教育规模迅速扩大。1997 年，针对我国高职院校数量不断增加的情况，原国家教委出台了《关于高等职业学校设置问题的几点意见》，就学校名称、招生规模、专业数量、师资情况、实训条件等方面提出基本条件和具体要求。在学校命名方面规定新设高等职业学校一般称为职业技术学院，可根据学校所在地、隶属关系、学科门类等冠以某些适当的限定词，高等职业学校的英文译名必须与中文名称相一致。自此，我国高等职业院校的设置趋于规范，高等职业教育开始步入规范化发展轨道。

三、高职教育法律地位的确立

20 世纪 90 年代中后期，为贯彻落实科教兴国和人才强国战略，大力发展职业教育，全面推进社会主义现代化建设，党和政府非常重视职业教育立法，先后颁布了《职业教育法》和《高等教育法》，以法律的形式明确了高等职业教育在整个国民教育体系中的重要位置，确立了高等职业教育在我国国民教育体系中的法律地位。

（一）《职业教育法》

1996 年，第八届全国人民代表大会常务委员会第十九次会议修订通过了《职业教育法》，该法是为了实施科教兴国战略，发展职业教育，提高劳动者素质，促进社会主义现代化建设，根据教育法和劳动法制定的法规。其中，职业学校教育分为初等、中等、高等职业学校教育。初等、中等职业学校教育分别由初等、中等职业学校实施，高等职业学校教育根据需要和条件由高等职业学校实施，或者由普通高等学校实施。其他学校按照教育行政部门的统筹规划，可以实施同层次的职业学校教育。《职业教育法》正式将"高等职业学校教育"写入法律，并对其办学原则进行了规定，标志着高等职业教育法律地位的正式确立。该法以法律的形式明确了高等职业教育在职业教育体系中的地位。我国高等职业教育开始走向法制化发展道路。需要注意的是，这里的高等职业教育是指专科层次的高等职业教育，还未涉及本科层次。

（二）《高等教育法》

1998 年，第九届全国人民代表大会常务委员会第四次会议通过了《高等教育法》，该法是为了发展高等教育事业，实施科教兴国战略，促进社会主义物质文明和精神文明建设，根据宪法和教育法制定的法规。该法第六十八条规定"本法所称高等学校是指大学、独立设置的学院和高等专科学校，其中包括高等职业学校和成人高等学校"。[①] 将高等职业院校写入《高等教育法》，以法律的形式明确了高等职业教育在高等教育体系中的地位，进而明确了高职教育的高等教育属性，再次确立了高等职业教育的法律地位。

至此，我国高等职业教育在"职业性"和"高等性"两个方面的法律地位都得以确立，为我国高等职业教育的发展以及现代职业教育体系的建设和完善提供了法律依据和保障。

四、高职教育的规模化扩张阶段

随着社会主义市场经济体制的逐步完善，科技进步和社会发展对高素质人才的要求越来越高。在此背景下，国家实施高等教育扩招政策。高等职业教育作为

---

① 全国人大常委会办公厅.中华人民共和国高等教育法 [N].人民日报，2016-03-30（16）.

我国高等教育的重要组成部分，在高等教育扩招中承担着重要任务，我国高等职业教育进入快速发展期。为了贯彻落实"科教兴国"战略，适应社会经济发展对高素质人才的要求，高职教育积极进行改革，重点是人才培养模式改革和教学改革，以提高高职院校的人才培养质量。高职教育的扩招和改革共同推进了我国高职教育的规模化发展。

（一）高职教育扩招

为适应高等教育大众化的国际趋势，同时也为满足我国社会主义市场经济发展对高素质人才的大量需求，1999 年，我国高等教育启动扩招计划，拉开了我国高等教育大众化的序幕。高等职业教育作为我国高等教育的重要组成部分，在扩招计划中承担着重要任务，是扩招的重点，也开始了大规模的招生。自此，我国高等职业教育进入快速发展期，走上了规模化发展道路。

1999 年 1 月，教育部和国家计委下发《试行按新的管理模式和运行机制举办高等职业技术教育的实施意见》，决定在当年普通高等教育年度招生计划中，安排10 万人专门用于部分省（市）试行与现行办法有所不同的管理模式和运行机制举办高等职业技术教育，被称为"新高职"。新的管理模式和运行机制强调"三不一高"和"六路大军齐办高职"。"三不一高"是指毕业生不包分配，不再使用《全国普通高等学校毕业生就业派遣报到证》，国家不再统一印制毕业证书内芯，教育事业费以学生缴费为主。"六路大军"是指短期职业大学、职业技术学院、具有高等学历教育资格的民办高校、普通高等专科学校、本科院校内设立的高等职业教育机构（二级学院）、办学条件达到国家规定合格标准的成人高校以及经教育部批准的极少数国家级重点中等专业学校。按新的管理模式和运行机制举办高等职业技术教育对于积极探索以多种形式、多种途径和多种机制发展高等职业教育具有重要意义。

这一时期，在高等教育大众化政策引领下，国家明确提出了"大力发展高等职业教育"的政策方针，进一步明确了高职教育的高等教育类型属性。政府通过改制、改组高等专科学校和成人高校，升格中专，普通高等学校开设高等职业学院等方式丰富了高职教育的办学形式。高职教育办学形式呈现出"六路大军齐办高职"的多样化特点。在高职教育类型方面，兼顾学历教育和非学历教育，非学历高等教育主要进行职业资格证书教育。同时，高职院校通过增加招生名额和拓宽招生途径来扩大招生规模。在此背景下，我国高职教育实现了规模化扩张。尤其是国务院将高职院校的审批权下放到省级政府后，地方建立了大批职业技术学院，促进了高职教育的快速发展。

（二）高职教育改革

高职教育在扩招的同时也非常注重改革，目的是探索有效的人才培养模式，提高高职院校的人才培养质量，以满足经济建设和社会发展的要求，同时促进高职教育的健康发展。高职教育改革是高职教育规模化扩张的重要保障条件。

1999年11月，第一次全国高职高专教学工作会议在北京举行，会议确定了今后高职高专教育教学改革和建设工作的思路和主要任务，启动了教学改革和建设项目。高等教育司提出了高职高专教育的六个特征，并指出高职高专教育基本的培养目标是培养拥护党的基本路线，适应生产、建设、管理、服务第一线需要的，德、智、体、美等方面全面发展的高等技术应用性专业人才。进一步明确了我国高等职业教育的人才培养目标。

在学校设置方面，2000年3月，教育部发布《高等职业学校设置标准（暂行）》，对高等职业学校校系两级领导以及专业负责人的配备，专、兼职教师队伍建设，土地和校舍面积，实习实训场所，教学仪器设备和图书资料的要求，专业与课程设置，基本建设投资和经费等基本条件以及3年内需要达到的要求做出了明确规定。高等职业院校的设置趋于规范化，为高职人才培养模式改革和教学内容体系改革提供了良好的环境。2000年至2003年，教育部先后共批准建设31所重点建设示范性职业技术学院、33所重点支持高职学院和35所示范性软件职业技术学院，改善了它们的基础教学条件，提高了教育教学质量。2003年，在26所高职院校试点评估的基础上，教育部建立了5年一轮的高职教育人才培养工作水平评估制度，2004年至2008年是高职院校人才培养工作水平评估的第一个周期[①]。这一周期主要针对基础设施展开评估，属于基础性的评估，对于提高高职院校的人才培养质量具有重要的促进作用。

在课程改革方面，2003年4月，教育部启动了全国高等教育精品课程建设工

① 刘彩琴，郭俊朝. 新中国成立60年来高等职业教育的回顾与展望[J]. 黑龙江高教研究，2009（10）：127-130.

作，促进了高职院校课程建设。到 2008 年，教育部共评出 605 门高职高专国家级精品课程，促进了高职院校的课程建设。

在积极的政策支持下，我国高等职业教育改革取得重大成就，不管是在规模还是质量上都有较大提升，大大促进了我国高职教育的发展。

（三）高职教育的人才培养模式

我国高职教育已初步形成了具有中国特色的"校企合作，工学结合"人才培养模式。为适应社会主义现代化建设，贯彻落实科教兴国战略，国家大力推进高等职业教育改革。其中，人才培养模式是高职教育改革的重点所在，在这里单独展开讨论。

在培养目标方面，高职院校的人才培养目标逐渐清晰，先后提出了培养"适应生产、建设、管理、服务第一线的高等技术应用型专门人才"[①]和培养"高技能人才"的人才培养目标。

在办学主体上，形成了多元办学格局。一方面，依旧强调职业技术院校、高等专科学校、成人高校、普通高等院校等"多路大军齐办高职教育"，但举办高职教育的院校逐步向职业技术院校调整，在院校名称和学校设置方面都趋于规范化，并强调举办综合性和社区性的职业技术学院。另一方面，强调政、行、校、企多元主体办学。

在办学形式上，强调工学结合，校企合作，且将工学结合作为高职院校人才培养模式的重要切入点。全国高等职业院校结合自身特点，从课程体系改革入手，就生产性实训与顶岗实习等环节进行了强化，使工学结合成为高等职业院校人才培养模式改革的导向与共识。为实现工学结合，职业院校非常重视实习实训产所的建立。

在师资队伍建设方面，强调培养"双师型"师资队伍，形成了一支理论与实践并重，专职与兼职相结合的高职教育师资队伍。

在专业设置、课程设置和教材改革方面，同时注重专业的建设、课程的改革和教材的编写。

高等教育大众化政策有效推动着我国高职教育向规模化方向发展，通过调动

---

① 周建松，唐林伟.高职教育人才培养目标的历史演变与科学定位：兼论培养高适应性职业化专业人才 [J].中国高教研究，2013（2）：94-98.

地方办学的积极性，使得我国高职院校大幅增加，高等职业教育规模大幅扩张。在高职教育规模扩张的同时，教育部非常重视高职教育的改革，重点是人才培养模式改革和教学改革，重视高职院校的规范化建设、专业建设、课程建设和教材建设，探索了"校企合作，工学结合"的人才培养模式，强调政校企合作办学，建立"双师型"师资队伍。高职教育人才培养模式的改革和教学改革是促进高职教育规模化扩张的重要条件。只有探索出有效的人才培养模式，提高高职院校的人才培养质量，高职教育才会健康发展。这一时期的教学改革和人才培养模式改革也为我国高等职业教育的内涵式发展创造了良好的条件。高职教育的规模化发展为整个高等教育的规模扩张和结构优化做出了非常重要的贡献，最终促进了人力资源素质的提升和结构的优化，是我国实施科教兴国战略和人才强国战略的重要途径，为我国产业升级和经济结构转变培养了大批高技能人才。

第二节　高职教育价值定位

高职教育体系的形成和发展是在普通高等教育体系内、高等专科教育基础上不断改进的结果。高职教育之所以称为"类型教育"，在于其所承担的社会职能和基本的价值定位，这些因素构成类型教育的基本逻辑依据。

一、高职教育的几个基本概念辨析

高职作为一种特殊的教育类型，自然会形成若干独具特色的"关键词"，在高职教育业界常常被大家使用，以此确立相互之间基本的默契，奠定了整个体系的根基，成为业内的热词，然而一些关键词语的内涵和外延常常引起误解，需要进行辨析。

（一）"趋向"和"类型"——高职教育的来龙去脉问题

首先，从何处来。关于高职教育来源的普遍观点是，社会文化科技的变革，推动了社会生产力的提升和生产方式的变革，大部分职业岗位的生产过程发生了变化，对生产一线和服务一线的人的技能要求和知识水平要求也更高。随着社会主义建设的不断推进，城市化水平快速提升，大量农村人口涌入城市学习、工作和生活，从而推动了职教的发展。生产中机械化、智能化和自动化趋势越发明显，所应用的技术和工具等难度增加，工作者的技能也要相应提升；群众生活改善，更加看重服务质量，为此，对服务行业的工作者综合素质要求提高。高职教育自然而然地产生了。

其次，往何处去。我国的高职教育被官方认定为高等教育的一大类型，高职院校建设备受重视。而要突出"类型"这一特质，高职教育就要突出普通高教所不具备的特点，发挥其特有的作用。我们可以看到高职教育在多样化人才培养方面的贡献，并加强这一点，这样才能够使之在高教中发挥类型的作用。

以历史的视角分析，所有教育的类型都是历史性的，都要随着社会的变化而变革。以师范教育为例，其快速发展阶段为民国时期至20世纪90年代，这是受到了社会现实的影响，这一阶段是我国现代教育发展的前期，师资力量不足，需要大量的老师。而此阶段之后，我国的师资力量已经较为饱和，师范教育的发展也变慢，并且"类型"价值变小，师范院校逐渐变革为综合大学。历史上这样的例子还有许多，如稷下学宫、国子监、太学、民间书院等。高职教育的发展同样遵循这一规律。

最后，高职教育的概念该如何界定。高职教育，展开来即为高等职业教育，其中"高等"指的是层次，是中等教育之后的教育，"职业"指的是类型，与普通教育、继续教育等有所区别。职业教育要突出其"职业"的色彩，要面向未来职业，但是普通高等教育同样是面向未来职业的，可以说所有高等教育都是高等职业教育。那么高职教育则应当界定为面向实用技术的职业教育，面向职业一线的高等教育。普通高等教育尽管与职业、就业有关，但是仍是基于学科知识的，而高职教育是基于职业岗位工作的，更加重视"实用""实践"，而非知识的"结构""体系"，不是培养科学家，而是培养从事生产和服务一线的、将发明和科技应用于生产实践的技术人员和劳动者。

如今，信息化趋势不可阻挡，推动了生产的发展，以及服务方式的变革，电脑成为生产和设计的重要工具，其对应的工作情景也相差无几。积极适应未来职业要求，这既是高职教育要强调的，更是普高教育应当强调的。也就是说，我国的现代高教发展方向是强调职业、强调实用的，这是一种趋向。如今，群众的生活质量提升，需求更加多样化和个性化，为满足群众的需求，生产和服务也越发强调个性化和独特性，通常将生产过程细化分类成不同的小组，这推进了设计和生产过程的交织融合，也推动全面教育的发展。普高教育和高职教育尽管可以说是不同的类型，但是终究归于同一种趋向。普高教育在学生培养中，也十分重视就业导向，在教学中重视与生产实际和服务实际的联系，强调产教合一，也可称之为高教的职业化，这种职业化促进了高职教育作为一个类型的发展，同时也是所有高教的趋向。

（二）"高职教育"和"高职院校"——形与质的问题

"高职教育"属于高等教育的类别，"高职院校"是高职教育的承载主体，两者分别是形与质。

从教育类型的角度进行分析，高职教育内部应当有一定的分层，既包含本科教育，又包含研究生教育，这样才能培养出对应层次的技能人才。就当前而言，应当着力建设新的高职本科院校，或者将部分已有的普高院校转化为高职本科院校。而转化的方式主要有两种，其一是将普通本科直接改造转化，其二是将专科院校升级转化。对现有的高职院校分析可以发现其来源有四，分别是职工大学或其他培训机构转型、中专或技校升格、民办高校、院校合并。这也反映出与普高教育的区别，其院校的整体办学能力不足，管理缺乏规范性，各院校水平参差不齐。从生源质量进行分析可以发现，高职院校的学生多数是专科二批，少数是专科一批。高考是为了高等教育选拔生源，其考查重点在于学生的科学文化基础知识和逻辑思维，本科分数线高，专科分数线低，这不能完全代表这两种学生在智力发展上存在较大差距，有一定的概率是因为部分学生的形象思维更佳。要将当前的高职建设为高教的类型之一，需要长期的发展规划。

除上述问题之外，还需注意的一点在于高职教育理论体系的建设，要使之与普高有明显区别，这也是其能够作为高等教育类型之一的原因。有学者认为，当前的普高院校和职业教育的教育理论都是以不同的理论作为基础，前者是基于心理学构建的普通教育学，后者是基于职业理论构建的职业教育学。从这个角度看普通教育所应用的应当是普通教育学。但是实际上，普通教育学指的是整体教育学科体系的基础学科，其"普通"与普通教育的"普通"并非一个意义，前者指的是基础性的、一般性的，后者指的是区别于"职业教育""继续教育"的规范的全日制教育，也就是说两者之间没有对应关系。接受高职教育的是人，其教育理论固然是基于职业理论，但是也脱离不了心理学理论，不能违背人的基本认知理论、发展理论等，同样是教育科学体系的一部分。所以说，仅仅基于职业理论是无法构建出独立的、专门的教育理论体系的，而是作为教育科学体系的一部分内容存在。心理学是"人"的心理，是以人为基础的，职业理论是关于"职业"的，是以事为基础的，但是教育的主体是人，所培养和发展的是人的能力，也应当以人为基础。

（三）"技能"和"能力"——用与体的问题

"技能"和"能力"之间有着明显的区别，是用和体的关系。所谓技能，指的是人能够熟练地使用某种工具，完成某种操作，是一种外在的行为；所谓的能力是内化在个性中的，是一种思维，一种心理特征，是内在的力量，前者是用，后者是体。但是在教学中，大部分教师并不能正确认识和区分这两者。技能是基于职业工作形成的，能力是个人内在的。人们会在一份职业中学会某种技能，增强某种能力，当从事另一份完全不同的职业时，之前职业的技能将无法继续应用，但能力能够帮助人们完成新职业的任务。能力和技能之间有着密切的联系。能力强的人能够十分轻松地学会多种技能，而在学习和使用技能时，能力也得到了提升。但是，技能强并不代表有着较强的能力，这主要看其技能是单方面的，还是多方面的，培养能力、增强能力的核心问题是要将外显的技能内化和抽象化，使这种抽象化的产物能够应用于多个方面。高职教育要培养的"高技能人才"的"高"指的不仅是技能高，更是指能力高。

一位经验丰富的老司机一发动汽车，就能够通过发动机的声音判断出车辆有问题，他不能描述出声音是什么样的，也不能指出问题在哪里，却有这样一种感觉。这里有一则小寓言，蜈蚣被问这么多腿，平时是怎么走路才不会绊倒自己，蜈蚣想着想着就不会走路了。培养技能和练习书法颇为相似，书法的美不在于工整，而在于协调，在于气势，字是有结构的，但结构不代表一切，是有角度和力度的，但角度和力度不是死板的，而是一种直观的感觉，这样才成了艺术。古人云技近乎道，技能高超到了一定地步，就能够迫近真理，其中蕴含着个人的智慧、生命的玄妙，从技能成为技艺。字如其人，技艺和个性有着内在的关系，艺术充满着个性，每个人的个性不同，其感受到的和创造出的艺术也不同，艺术不可复制。只擅长一种技艺，只能说是一技之长，样样技艺都能够快速掌握，就是能力，也是高职培养的目标。

（四）"必须"和"够用"——本与末的问题

高职教育固然是强调职业技能的教学，但是基础理论知识的教学也不容忽视，要坚持"必须"和"够用"的准则。技术就是对理论的应用，新技术的出现必然伴随着新理论的产生，当前技术不断革新，人们在职业中要应用到多种技术和理论知识，并且随着职业的发展还需要不断掌握新的技术和理论知识。而在学习某个理论知识时，很难把握尺度。不同的人对于理论知识学习的需求是不同的，如果思维能力强、悟性高，那么只要掌握相对较少的"必须"知识，就"够用"，如果思维能力较弱、悟性较差，则需要学习更多的"必须"知识，才"够用"。这两者之间是相对的关系，这也使得课程设计的难度较高。如何协调"必须"和"够用"，在设计课程时往往会基于具体的知识和技能进行思考，却很难解决这一问题。但是，当将思考的侧重点转移到个人身上，这个问题的解决方法的重点就在于他是不是具有较高的悟性。如何培养学生的"悟性"，此为本，如何安排课程内容，此为末。高职教学应当更加关注如何教，而非课程内容。新一轮基础教育课程改革的主要原则是从教学内容和实训内容安排的方面出发促进学生心智发展，培养其悟性，也就是通过末去实现本。

《黄帝内经》有言"心者，君主之官，神明出焉"[1]，《说文解字》有言"悟者，外觉内省也……从心、从情，通灵性"[2]，在职业岗位的生产、服务实践中"外觉"，做出反思和"内省"，从而实现通达，这样就具备了"灵性"，这是学生需要在学习中做到的，是教师要帮助学生实现的，教师在课程设计、教学设计中也要立足于这一过程来进行。表面上是促使学生掌握职业知识和技能，但是实际上要促使学生在实训当中"外觉""内省"，也就是积累经验。所谓"经验"是经历和体验的结合。既要通过经历掌握知识技能，又要通过体验掌握步骤方法，在经历和体验中，学生才能真正学会做事，也就是学会职业活动。只有实现了这一点，学生才能够顺利参与并完成现实中的职业活动，然而社会还在发展当中，行业、企业

---

① 徐嘉青. 黄帝内经 [M]. 北京：民主与建设出版社，2018.
② 许慎. 说文解字 [M]. 长沙：岳麓书社，2019.

也在进步，职业活动不是固定的、一成不变的，其工作活动内容、知识和技能在发展，学生也会从事多种职业岗位，应当能够做到适应新的职业。也就是说，"外觉"是基于具体的职业过程而言的，不能适应职业的发展和变动，只有更进一步地"内省"，获得"灵性"，做到"神明出焉"，最终才能够实现"悟"。也就是说"悟"需要经过经历、体验、内省才能够达到。高职教育教学要让学生深入经历现实的职业岗位活动，在其中掌握职业知识，不断练习职业技能，在这一过程中，真正地体验到如何做事、如何与人沟通，获得个人的感受，在此基础上反思、内省，将经历、体验内化成养分，充实自身的能力和实力，让实训活动切实发挥作用，帮助学生培养悟性。

在现代的高职教育发展中，要改革课程体系，加强课程建设，关于理论知识，强调的是精讲，而非精简。无论在教学中采取哪一种教学方式，都需要理解这一点。在做中学，是职业教育的重要方式，也是人们在成长和发展过程中常见的方式，是在接受高职教育之前就已经学会的。高职教育的做中学，需要明确的是，学的不仅仅止于知识和技能本身，更加重要的是引导学生在体验中反思。这才是教育教学的关键，要从这一点出发，不管是通过案例、工艺还是项目的方式进行教学安排，都能够培养出高级技能人才。在这种模式的教学中，课程位于核心的地位，为人才培养提供了框架，围绕此安排的教材和实训是使之实现的途径，教师则是实现的关键。教师应当坚持这种内省式的教学原则，自身是个有"心"人，能够理解和把握这一培养模式，在任务教学、实训活动中，首先要传授理论知识和技能，还要引导学生体验方法和步骤，并加以讲授，尤其是要在思维上启发学生，引导其通灵性、达悟性，让学生在心灵和思维上有所感悟，这样在职业活动中，学生就能够培养出较好的能力，具备良好的技能，从而实现"够用"，若是学生没有得到感悟，只是学会了知识和技能，能力和悟性没有得到提高。对于一种职业活动，什么知识和技能是"必须"的，这一点很难说清，因为职业在发展，"必须"也在变化，是能力的必须，是悟性的必须，是成长的必须。高职教育的培养是培养人，这是根本，而使其学会技能只是末。

（五）"借鉴"和"创新"——道与术的问题

我国的高职教育相比欧美等国的高职教育起步较晚，发展时间较短，在建设过程中，十分重视对他国的成功教育经验和模式的学习、借鉴，但需要注意的是，借鉴不是生搬硬套，要避免形式化和公式化问题，否则将会破坏原本的成功教育模式的生命力，徒留其形。高职教育工作者在参与国际交流和学习时，能够接触和学习很多有用的教育方式和模式，并在国外的职业教育中表现出色。但是当他们回到中国，很难将国外的教育方式和模式直接应用到中国的高职教育中，会出现水土不服的问题，加以转变又很容易使教学模式失去原本的样子。教育模式的形式需要理论的支持，不管是构建、变革还是应用教育模式都要从理论的角度进行思考，反之将会使其失去自身的优势。借鉴国外的教育模式，首先应当具备充分的理论知识，只靠一腔热血是不行的。借鉴的重点在于思考和启示，启示我们基于本国实际，打造具有中国特色的高职教育理念和人才培养模式。借鉴的重点在于理论的学习，只有基于理论，才能够学到精髓，否则只能学到皮毛和外形。

借鉴国外的成功模式时，必须思考其背后的文化因素。文化与当地的生活和社会是息息相关的，由内而外地影响着人们的生活方式和思维方式。我们不能从理论中直接看到文化的影响，但理论的构建、人的思维和思考等都是在文化影响下形成的。

高职教育有一个观点是要求脱离"学科"的束缚，从职业活动整体过程来构建一定的理论，其实"学科"是舶来品，中国文化往往有着整体的思想，世间万物都生于道，都统一于道，崇尚"和""大一统"等。这种文化影响下形成的是统一、整体的思想。这是中国人的思维方式，也是高职教育者的思维方式，从整体的思维出发进行理论构建，要充分考虑中国文化因素。文化中的问题，往往是形而上的，也要从文化上寻求解决方法。

教育的目标是培养人才，职业教育的目标是培养职业人才，所以高职教育要重视人，坚持以人为本的价值观，以促进人的全面发展出发，基于此结合职业的形式和内容，在这一主要原则下进行高职教育的建设，不管是何种教育问题，都要从人出发，不管是何种人才培养模式，也都要从人出发，重点关注人的发展、人的心灵，然后关注职业的过程等方面，这样培养出来的才是职业人才，而非职业工具，学生才能够在职业过程中自觉地发展自己，在职业活动中内省，并不断学习和思考。如果没有志向和目标的指引，就很难有成才的欲望和动力，如果没有文化作为基础，就很难有思想的追求。这种文化、心灵的提升是道，掌握的技能是术。借鉴国外的成功教育模式时，对文化的探究是道，对操作的学习是术，要在道的基础上实行术，才不会如无根之木。

国外的成功经验尽管已经经过了实践的证明，但是仍旧不能直接应用，必须要经过本土化，也就是再创造。这种本土化，可能是主动的，也可能是被动的，后者带来的往往是面目全非的结构。对于本土化改造，重要的是要充分与中华文化结合，以本国的文化改造外国的教学模式，对于其内核，要寻求与之适配的中华文化的内容，在分析和探索中，形成中西结合的模式，突出中国特色。

在当前的国际高职教育中，德国模式十分先进。德国自身具有较为悠久的文化历史，古典哲学氛围浓厚，在哲学上具有强烈的思辨性，德国人的行为和思维往往十分严谨，在高职教育的研究中也更加理性。英国等国家虽然同处欧洲大地，也受到了古罗马文化的影响，但是哲学上偏经验性，英国人在思维上更具经验性，关于高职教育的研究相较德国存在理性和严谨性不足的问题。我国同样有着悠久的文化历史，在高职教育发展中，也应当重视这一点，在高职教育模式的理论建设中，多考虑文化、哲学的因素，以此理解和内化国外理论，构建自己的模式，以道驭术。

二、高职教育的价值定位

如今，社会对于高职教育颇为重视，十分认可其教育类型的定位，在多年的发展中，其规模不断扩大，功能更加丰富。但是，对于其未来发展问题，有着多种观点，各种观点都从不同的角度出发。明确其价值定位，有助于找到正确的发展方向和立足点。

（一）"三个需求"的价值分析

高职教育，首先是教育，而且是狭义的学校教育。关于教育的本质，大家普遍认为"教育是培养人的社会活动"这一表述是最基本的内涵表达。它给出了三层含义，第一层含义是教育要培养人，表达了教育的根本目的和价值意义就是促进人的全面发展，人的全面发展包含了生理的发展和心理的发展，人的全面发展从教育的意义上讲，更多的是心理的发展，或者说是其社会属性的发展，即社会化。从心理学角度来看，则是促进学生观察、思维、想象等认知能力提升，积极的态度情感体系形成，并养成优良的意志品质，最终形成良好的个性心理，实现社会化。学生的心理发展是一个内在成长的过程,作为学校教育,必须遵循学生心理发展的规律,把学生放在中心地位,教育教学活动要面向学生展开。因此要了解学生的学习情况,针对学生的现状,促进学生发展。教育教学内容和方法不能落后于学生的认识水平,也不能超越学生的认识水平;教育教学过程要循序渐进,符合学生的心理规律;教学评价要兼顾学生的心理结构。总的来讲,就是做到基于学生学习基础,遵循学生心理规律,服务学生心理成长。总之,教育必须满足学生身心发展的需求。

"教育是培养人的社会活动"的第二层含义是说教育的过程是一种社会活动。所谓社会活动,就是它具有明显的社会属性,是人群的活动,其核心问题是人与人的相互交流,表明这种活动的关键是人。教育学对教育的定义分为广义和狭义,一般学校的教育指狭义的教育,即教育者通过有目的、有计划、有系统的活动,对被教育者施加的一种影响,促进他们身心得到发展的过程。就是说学校要通过一定的系统,有目的、有计划地对学生施加一种影响,从而促进学生的身心各方面有所改善的活动。就其本质来讲,这种活动的关键是教师与学生之间的相互影响,换言之,关键是活动中人与人的关系,即师生关系。师生关系是一个相互影响的过程,即所谓"教学相长":一方面,通过教育实现培养学生的目的;另一方面,通过教育教学活动,也实现了教师发展和学校自身的发展,即这一交互活动也是教育发展的内在需要,要满足教育发展需求。从实践意义上看,教育的需求一方面体现为通过教育教学活动,促进课程体系和教学内容的优化,教学模式和体系不断完善,专业教育的系统更加科学,专业实力持续增强;另一方面,更重要的是通过教学中教师和学生的相互沟通和交互活动,使教师的专业能力和教学能力,甚至人格都得到发展。真实的实力是人的能力,专业实力也包含于专业教师的能力中。教育自身发展和实力的增强,几乎全部都有赖于教育教学中师生之间的交互作用。

"教育是培养人的社会活动"的第三层含义,则指教育这一社会活动培养的人,是社会人。所谓全面发展的人,也一定是适应社会需求的,充分社会化的人。学校教育须满足一定的社会需求,特定的学校要承担相应的社会职能。高等职业教育就承担了为行业企业培养技术技能型人才的功能,职业院校的培养过程必须满足行业、企业的用人需求,即市场需求。

（二）"三个需求"指导下的课程体系

高职院校培养什么样的人才，重点在于课程，职业需要具备的知识技能、专业要求的内容、人才培养的内容，都体现在课程之中。课程应当是系统性的，符合教育规律的，是教育理念的现实化，教师在高职教育教学中基于课程才能够设计教学方法、手段。课程体现了培养目标，也体现了培养的过程。课程将学生和学习内容、活动连接在一起，是教学进程的规范，不仅能够展示学科知识结构，也能够展示专业培养体系。在高职院校中，各专业都有着不同的知识体系，这些体系形成了多种课程，课程正是教师的劳动和工作。可以说，在高职院校中，课程是最小的教学单元，更加带有本质色彩，专业是基于培养目标而形成的框架，课程才真正体现了人才培养的内涵。分析课程不仅要分析其自身的内容，还要关注课程间的联系和相关的体系。

我国的高职教育建设强调的是实践性、实用性，强调的是对知识和技能的应用，重视对学生操作能力、实践能力、解决问题能力的培养，与普通高职中普遍存在的高分低能不同，高职教育的课程设置和教学内容设置是基于职业岗位的生产服务实际进行的，重视产教合一，体现出了工作的实际过程，这也反映出了高职的特殊性。但是，这其中也有盲目跟随市场的问题，很多课程过于重视职业过程中的技能开展，没有做到对学生能力的培养和塑造，盲目贴近企业工作需求，而没做好对学生通用技能的教学，没能开发学生潜力，而市场是变动的，职业也并非一成不变，这样培养的学生难以适应职业的变化，缺乏可持续发展的能力。多数专业的设置和教学没有做到与时俱进，教育工作者的教学理念和方法较为落后。这些问题都是高职教育课程建设发展的阻碍。

"三个需求"理念要求对高职教育的课程体系进行改革，要构建新型课程体系。这就要求以课程自身内涵为基础，整合教学资源，使之课程化，使课程能够更好地为学生发展服务。课程的英文为"course"，其最初的含义就是"跑道"，从这个含义出发的一个引申义使学校教育教学和学生的人生轨迹、发展需求之间产生了互动关系，这种含义就像当前的全面发展观之下的广域课程观一样。广域课程观是当前高职教育建设的重要指导，其要求设立"生态型"课程体系，在这一课程体系之下，课程形式丰富多样，将显性和隐性相结合、实体和虚体相结合、主体和补充相结合。例如，显性的实体课程有社会实践课程、实训课程、社团课程等，隐性课程则有校园的海报、管理规章、教师的行为语言等。这些课程并非一定要在教师教授下进行，但是都具备现实性和丰富性，十分多样和灵活，并且是生长性的。这些课程要符合学生的认知规律和身心发展规律，能够促进学生身心协调，并且根植于社会现实。课程数量和种类要充足，让学生能够根据自己的兴趣选择。课程要能够灵活组合，形成有别于学术专业的实践应用方面的专门体系，此外，课程还要与时俱进，结合社会现实对教学内容、形式和方法进行更新。

我国高职教育若想实现发展，就必须加强课程改革。要围绕着课程系统建设这一中心来进行。第一，高职院校应当变革课程制度，例如，调整课程结构，不断改善学分设置，优化专业课与公共课、选修课和必修课之间的配比，结合社会职业实际优化课程内容、优化选修课内容，以实践为导向设置课时和学分，加强创新创业课程安排，加强学分管理等。第二，结合各专业的教学要求和市场需求，构建完善的课程体系，对不同专业内部的课程的课时数量、上课时间进行调整，合理协调理论和实训设置。第三，对于各门课程，要明确其培养目标、知识内容体系、考核设计等，合理设置教材和网络教学资源等。第四，教师要基于课纲要求和课程体系要求，制定教案，采用多样化的教学方法和工具，控制教学进程，充分利用车间、实训基地等场所，合理安排单元作业等。除了课堂内的课程之外，对于课堂之外的隐性课程等也要不断完善，加强师风师德建设，构建和谐的校园环境，形成积极的校园文化，积极组织和鼓励学生参加多样化的校园活动，这种活动课程对于学生的培养也十分重要。

综上所述，关于高职院校课程体系建设要明确三方面内容。首先，要正确认识课程这一主要载体的作用和地位，坚持以培养人才为中心，明确课程是为了培养学生，要基于促进学生全面发展进行课程建设。其次，高职院校的课程要体现职业性质，这也是其教育功能的反映，培养学生也要关注社会生产需要，职业教育要为社会生产服务，为其培养高级技能人才。最后，课程是高职院校内部生态的一部分，课程的信息化、动态化、体系化等程度，都反映了该院校的教学实力。课程建设是院校自身生存和发展的需要，是教师的基本工作，也是教育的必然需求。

（三）"三个需求"下的人才培养过程

发展高职教育，不能忽视对人才培养模式的探索，教育发展需要理念的指导，而理念要落地，要发挥作用，就要通过人才培养模式的设计。"模式"用英语表达为"model"，指的是模式、模型、模范等，是通过实物或符号将原物、活动、理论等仿制、再现出来。模式在不同领域、不同事物中的体现是不同的，却都有着一般模式的共同之处，什么是一般模式，关于其定义，通常要强调三点，即模式是现实的再现，是理论性的，是简化的。人才培养模式同样符合这三点，其研究对象是社会实践活动，这种活动有目的、有计划和有组织地影响学生，让学生能够身心共同发展，其研究的是怎么以最小的投入使得学生身心得到最佳发展，试图找出其中具有规律性的教育科学研究方法系统。

关于职业教育中的人才培养，学者们有不同的见解，陶行知倡导的是教学做合一，也就是职业教育要做到教、学、做三方统一，尤其要重视做。"学教做合一"中将"学"放在首位，这是基于当前的高职教育现实进行调整的。通常而言，先后顺序也代表着重要性的次序，将"学"放到首位就是为了强调其重要性，尤其在我国的教育中，往往更看重教师的教授，而忘记了要突出学生的主体性，不重视对学生学习自主性的培养。在课堂和校园中，学生通常是被管理的、被指导的，要求学生听话和服从。将"学"放到首位，就是要纠正这一问题，强调学生为主体，教师做引导，理顺教和学之间的关系，这正是现代教育人才培养的重要理念。"学教做合一"的"学"指的是学生，突出学生的地位，没有学生就没有"教"这一行为，没有学生，教师和学校也就失去了意义；"学"指的也是学习，教育要激发学生学习的自主性，培养其自主学习的能力、终身学习的意识和能力，培养学生的创新意识和实践能力，不仅仅是止于知识和技能的学习，基于此开展的高职教学才是有效的、和谐的。

在目前的高职教育教学过程中，很少进行学情分析，只有在准备材料、准备大赛时会进行学情分析，平时却不进行；只是在表面上进行，实际上没有进行学情分析。教学根据教师喜好、教师既有的能力和习惯进行设计，而没有从学生出发，做到有的放矢。

"三个需求"的理念也蕴含在人才培养模式当中。首先，"学"在首位，就是突出学生在教育中的地位，没有学生，教育就无从开始，并且其归宿也是学生，职业教育的目的就是培养人才，要重视其学习能力和意识的培养，促进学生的全面发展，并关注其需求。其次，"做"强调的是高职教学对实践的重视，这正反映了高职教育的职业性，反映了高职院校教学的市场导向。最后，课程是教学的重要载体，在课程中师生要实现良性互动，教学相长，教师进行教学活动，也在提升自身教学能力，实现自我，是对学校的反哺，这也反映了教育自身的需求。在教学过程中，及时了解学生的学习情况，适当地调整进度和教学设计，根据不同专业和课程的情况，实现"以学定教"，做到教育过程遵循学生学习规律，以学生为主体；在评价时突出学习的有效性，重视学生的学习过程和形成性评价，灵活地把绝对标准与相对标准相结合，做到学习结果评价促进学生进步。

学教做合一，是高职人才培养体系基本框架，可以落实在不同的层面。在学校层面，体现在人才培养方案、人才培养模式、课程体系结构和课程制度改革等方面。在教师行为中，可以体现为教学设计、教学实施和评价以及自我职业生涯发展。在学生层面可以体现为专业学习中的学习研讨、小组活动，各类群团活动中的学习和自我教育、自我完善。在校企合作中，体现为共同参与课程开发和教学过程，以及相互之间的学习借鉴。

第二章　高职教育人才培养模式的发展

本章为高职教育人才培养模式的发展，本章内容共分为三节，分别为高职教育人才培养模式界定、高职教育发展中的继承与变革、高职教育人才培养理念模式的更新。

第一节　高职教育人才培养模式界定

一、人才培养模式的概念

"模式"一词在现代社会中运用较为普遍。汉语中，模式指"标准的形式或样式"。在英语中，它和"模型""模范"是同一个词，都是model。西方学术界通常把模式理解为经验与理论之间的一种知识系统。有学者认为：模式是再现现实的一种理论性的简化的形式。它有三个要点：第一，模式是现实的再现；第二，模式是理论性的形式；第三，模式是简化的形式。

"模式"一词的流行是近年来的事，1980年版《辞海》还没有收入这个词条。"模式"一词的英文是model，这个单词在《韦氏第三版新国际英语词典》（1981）有诸多释义，其作为名词的时候释义为14种，如"模范人物""铸造模具""三维实物模型""著作摘要""理论模式"（如原子理论模型）、"理论方面的关系图式（投影）"和"蓝图"等。

辞典释义不等于定义。由于"模式"一词的多义，给"模式"下一个严格定义是困难的。但任何理论研究的前提是必须明晰概念，因而下定义是必要的。我们认为，根据"模式"一词在辞典中的释义，结合其在不同学科中的实际应用，对其下定义时主要通过以下三个层面来进行：第一，模式能够分类、参照、复制，并且带有浓重的典型色彩，是有着强烈的代表性的事物，其典型色彩集中在特征上，其强烈的代表性集中在功能上。第二，模式是一种概括性的呈现方式，是人们在认识过程中，借助文字符号等对被认识事物的关系、状态等特性进行呈现，是描述性的、阐释性的，提供了一种理论模型或图式，对于同一事物的不同的概括性显示方式。虽然模式的"图像"不一样，但模式的实质和主特征没变。当然，同一事物在其不同的发展阶段，其模式可能不一样。第三，模式能够构建和复制出满足人们要求的具体事物的框架，带有构造性、规范性，能够提供系统性的、原则性的规范，这些规范遵循着事物的客观规律，遵循着价值准则。

模式是位于经验与理论之间、目标与实践之间的知识系统。即"某种事物的标准形式，或使人可以照着做的标准样式"[1]。人才培养模式的构建不是无凭借的，而是以教育理念为基础，构建可复制的简单而完整的模型，能够落实到教学实践、人才培养活动当中，能够形成具体操作，推进培养目标的达成。它集中地体现了人才培养的目的性、计划实施性、过程控制性、质量保障性等一整套方法论体系，是教育理论与教育实践得以发生联系和相互转化的桥梁与媒介[2]。

人才培养模式具有丰富的内涵，可以概括为培养人的方式。人才培养模式就是要明确培养什么样的学生，即学生应当具备的知识、能力结构，以及怎么培养学生，以及使学生具备该结构的方法。其本质上对人才特征进行了明确，并体现了某种教育理念。它是有目的、有计划地培养人才的知识、技能和素质的方法。

各区域的社会现实不同，人才培养模式也不同，按照培养过程，人才培养模式可以分成以下几种类型，从人成才的两个阶段看：

阶段一是小学起至大学结束，这个阶段的人才培养模式主要是学校教育，通过学校开展初级的人才培养，而这种教学又可以通过面授和媒体的参与进一步分类，包括传统学校教育模式和远程教育模式，前者主要是课堂面授，后者主要是多媒体教学。

阶段二是大学结束至职业生涯结束，即退休。这个阶段的人才培养模式主要是社会实践，开展的是中、高级人才培养。社会实践时期的人才培养通过方式的差异进一步分类，包括在职培养模式、师徒培养模式、自我培养模式，如图 2-1-1 所示。

---

① 田毅鹏."模式研究"转换与发展社会学的学科更新 [J]. 中国社会科学评价，2017（4）：32−39.

② 龚怡祖. 论大学人才培养模式 [M]. 南京：江苏教育出版社，1998：235.

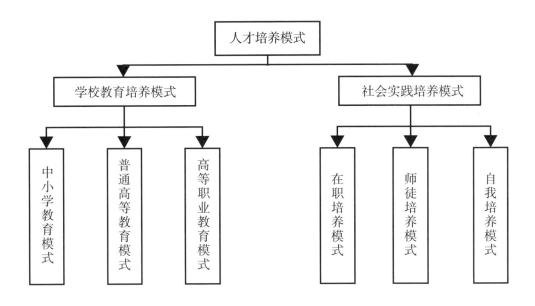

图 2-1-1　人才培养模式

二、高等职业教育人才培养模式概念

高等职业教育又称职业型高等教育，它既是职业教育的一个高级层次，又是高等教育的一个类型。以培养学科型高级专门人才为教育目标的高等教育称为研究型高等教育，以培养职业型专门人才为教育目标的高等教育称为职业型高等教育。现在我们称之为高等职业教育。

职业型高等教育是与研究型高等教育并行的一种高等教育类型，形成了独立的运行体系，包括专科、本科和研究生教育各个层次。高等职业教育具有高等性、职业性和教育性的特征。

在当前的高职教育中，遵循着现代高职教育理念，基于此构建相应的人才培养模式，培养学生的知识结构和能力以及对培养方式进行明确和设计。在高职教育人才培养模式体系当中，理念发挥着指南的作用，培养目标占据着核心的地位，课程体系充当的是实现目标的行动方案，教学过程就是实现目标的手段和途径。

目前关于高职教育人才培养模式的概念研究并不是十分充分。相对逻辑性较强的概念是王明伦在《高等职业教育人才培养模式重建之思考》中所阐述的，所谓高等职业教育人才培养模式，是指在高等职业教育过程中具有一定格式要求的人才培养程序、方式和结构在先进的教育思想指导下，为高等职业学生构建一个复合知识结构、综合能力结构、人格素质结构均衡发展的教育平台图示。这一阐释解释了培养什么人才和如何培养人才，这也是关键和本质的问题。但是这个阐释过于抽象，操作性较低，仍然不够完善。

综上所述，对人才培养模式和高职教育人才培养模式有了一定的了解，后者作为人才培养模式的一种，具有前者的普遍性属性，还带有培养规格多样的特性，在高职教育中体现为受教育者具有多元性，教学内容具有实用性，教学方式具有实训性。

当了解和分析高职教育人才培养模式时，也要强调以上特点，采取演绎逻辑法来进行，高等职业教育人才培养模式可以定义为，基于现代高职教育理念的指引，高职院校培养学生的知识结构和能力，包括培养方式、教育理念、培养目标、课程体系、教学模式等。

首先，高职教育人才培养模式是以高职教育理念为基础和指引的。其形成有两种方法，分别是归纳法和演绎法，前者是早期所使用的，以归纳人才培养活动原型而形成的模式，后者是当前使用的，给予一定的人才培养理论，设计和组织相应的活动，进而形成方案，并在实践中证实和完善的模式。不管是怎么样的人才培养模式，当前都是借助演绎法基于相应的理论而构建的，可见理论的重要性。

应当正确认识人才培养理论在其中的作用和价值，它不仅是独立存在的因素，同时是一种渗透因素，和其他因素融合在一起。例如，信息加工人才培养模式依据的是信息加工理论。当前高职教育的人才培养模式的理论基础是当代高职教育理念、素质教育理念、终身教育理念、多元智力理论以及建构主义的学习理论等。

其次，培养目标在高职教育人才培养模式中占据核心地位。不管哪种人才培养模式都是围绕着培养目标开展的，是有一定的目的的，培养目标对其他要素产生制约。其他要素的参与和设计都是为了达成这个培养目标，否则他们的存在将毫无意义，也无从发挥作用。如果没有培养目标，高职教育的人才培养模式就只剩下了空壳，而其培养目标也就是培养多样化的高职人才。总体培养目标是满足我国社会主义建设的要求，培养全面发展的，能够从事生产、服务、管理一线岗位的高素质的应用型高级技能人才，专业教育目标是培养具有较宽的口径、良好的职业知识和技能、优秀的人格、高素质和高能力的全面发展的高级职业人才，大众素质教育目标是进行广泛的、非专业性的、非功利性的基本知识、技能和态度的教育。

再次，课程是高职教育人才培养模式的关键因素，关系着其能否达成培养目标。正如上述分析，运用演绎法的人才培养模式是基于相应的理论形成的，有着清晰的培养目标，为了实现这种目标，培养具有一定知识、能力和素质的人才，会对人才培养活动进行系统设计，生成相应的课程体系，并在实践中不断完善、调整。课程是其中的关键因素。不管是学校教育还是远程教育，都具有系统性，通常可以分为管理、教学和学习三个方面，包括培养目标、教学大纲、教师、学生、经费、设备、教材、课时等。

最后，教学是高职教育人才培养模式的主要组成部分。人才培养模式如果只有前三者，那么就只能停留在设想层面，要想真正落实，真正培养人才，还需要通过教育，需要一定的培养过程，遵照一定的培养步骤，并实现每个步骤的培养任务，这就体现了其可操作性、可现实性。这指的也就是高职院校的教学设计和实施，不同的人才培养模式，在教学上也是不同的，自成一派，要通过一定的方法和过程才能够完成培养目标。教学是人才培养的不可替代的方式，高职教育人才培养模式同样如此，其系统结构的各部分和运行过程中都包含这一点。

三、职业型高等教育人才培养模式与研究型高等教育人才培养模式的区别

职业型高等教育和研究型高等教育是两种类型的教育，尽管有一定的相似性，但两者的人才培养模式是不同的，要注意其中的差别。

（一）培养目标

职业型高等教育与研究型高等教育在培养目标上存在区别，后者主要培养两种人才：一种是偏重科学本身的学术人才，另一种是偏重社会建设的设计、决策的工程师人才。这类人才借助智力技能开展工作。前者培养的人才更加偏重社会现实的需要，是为社会主义建设提供人才，他们不仅具备充分的职业知识和技能，并且有着充分的实践经验，能够直接进入企业岗位，参与到生产、服务的一线工作当中，是应用型的技能人才。这类人才借助操作技能开展工作。

（二）教学计划

促进学生的全面发展是素质教育的本质要求，也是这两种教育都要坚持的前提。为了实现培养目标，教学计划是不可缺少的。高职院校的教学计划主要是围绕着职业技能的学习、练习和实践能力的培养开展的，研究型院校的教学计划主要是围绕着理论知识的教学开展的。这两种教育对于理论和实践教学的安排有着明显差异，高职院校要重视理论教学和实训关系的协调，既要培养应用型人才，又不能忽视其可持续发展。

（三）课程体系

两类教育的人才培养模式的区别还体现在课程体系上，尽管两者都十分强调基础，但是仍旧有着明显的不同。研究型高等教育课程体系中的宽口径课程更多，关注体系的整体性以及某个学科的系统性。高职院校的课程体系并不强调这两个方面，其设置是宽基础、活模块的，其重心在于职业能力，课程内容包含职业过程要求的基本知识和技能，不仅要包含行业内较为高新的知识理论，还要包括职业活动中需要的知识。课程体系主要分为两大块，分别是公开课和专业课，采取的是两段式设计，同时也有关于素质教育的选修课。以经济类专业为例，其课程体系要突出专业性，同时也要有关于人文知识和前沿科技的课程，这种课程一般作为选修课，培养学生的兴趣，拓宽其知识面，促进学生的个性发展。

（四）教学方式

不管是何种教育都要随着社会的发展而革新，其中关于教学方式的革新要始终强调学生的主体性。研究型高等教育的教学方式改革强调的是创新思维能力的开发，重视学生基础知识和能力的培养，同时要使之了解前沿科技，重视学生自学。高职教育的教学方式改革强调的是创新实践能力的开发，重视技能训练、实习、实训，帮助学生掌握基本能力，即读、写、算、听、看（各种屏幕）、运用电脑，进而提升学生的沟通能力和解决问题的能力。高职教育的一大特点在于理论教学要充分联系实践，强调的是学教做合一，在实践中学习，在学习中实践，采取的是模拟式、启发式教学，重视实训和实践，开发学生的实践能力，促进学生的独立思考，培养其创新应用能力。

（五）实践教学

教学过程也体现了职业型高等教育和研究型高等教育之间的差异，虽然两者都关注实践教学，但是后者更加偏重实验的方式，前者更加偏重技能训练的方式，所以高职院校在硬件建设上要不断加强对实训车间、实习基地的建设，充分培养学生的操作能力。例如，金融类专业的实践教学中，不仅要包括基础的技能训练，还要重视其创新意识、思维发展以及对技能的实践应用，这可以通过设计综合型项目来进行教学，如保险索赔、证券投资、期货交易等项目，让学生切身体验职业活动的过程，在实践中练习操作，掌握其中的要点，并应用学到的知识和技能完成项目要求。校内的实训和实践项目固然重要，但是与真正的项目仍然有差距，高职院校应推进校企合作，积极引入产业协会、企业等社会力量参与到实践教学当中，组建校外实习基地，与企业形成长期合作关系，为学生提供实习岗位，让他们真正地具备社会职业经验，在真实的职业生活和职业活动中学习，从而在毕业后能够顺利获得职业岗位，并适应市场。总之，职业型高等教育与研究型高等教育在人才培养模式上存在诸多区别，如表 2-1-1 所示。

表 2-1-1　职业型高等教育与研究型高等教育的比较

	职业型高校培养模式	研究型高校培养模式
教学计划	坚持全面发展的原则，以职业能力培养为主线制订教学计划，理论教学与实践教学为 1：1	坚持全面发展的原则，以理论知识为主线制订教学计划
课程体系	按照宽基础、活模块设置课程，不注重课程体系的整体性和单一课程学科的系统性，体现综合素质培养	按照厚基础、宽口径设置课程，注重课程体系的整体性和单一课程学科的系统性
教学内容	以岗位技术需要的能力为依据，重点传授生产、服务、管理区域的先进知识和技术	以学科体系为线索，重点传授学科前沿的理论和高新技术
教学方式	把创新应用能力的培养作为重点，教、学、做合一	把创新思维能力的培养作为重点，以学生自学为主
实践教学	以职业岗位技能模拟训练为主	以发现、验证性实验为主
培养途径	以产学结合为主要培养途径	以产学研结合为主要培养途径
考评方式	以职业岗位能力为重点，知识、能力、技能考核并重，以能力、技能考核为主	以学科知识体系为重点，知识、能力、技能考核并重，以知识、能力考核为主

	职业型高校培养模式	研究型高校培养模式
师资队伍	以"三师型"教师为主	以学术型教师为主
培养目标	专业高等应用型人才，主要是高级技术人才	研究型、设计型人才

第二节　高职教育发展中的继承与变革

一、高等职业学校的现状和发展方向

高职教育要实现发展，就要了解现状，明确未来发展方向，既要对发展历史进行反思，又要进行逻辑推理。2006 年，高职教育第一次被放到高等教育的地位上，其培养的人才是社会生产、服务一线岗位的工作者，不仅理论基础扎实，而且实践能力强，能够满足一线岗位的必须要求，直接参与到生产和技术指导、管理等工作中，高职教育带有显著的职业性和实践性。高职教育要作为类型来发展，就不能是可以被轻易替代的，要具备独特性，并且其办学实力和学术能力要能够和普高教育比肩。高职教育要培养的是一线生产技术人员，他们要能够使生产更加符合设计要求，可以实时掌握生产一线问题，引导生产一线的工作人员掌握相应的工艺、设计要求。他们不仅要掌握职业必需的理论知识，还要了解工艺过程各个岗位的特点。

现场技术人员须了解理论，无须精通，能够使用技能，无须熟练。高职教育改革要充分认识到这一点，只有基于此进行教学改革，才能够获得良好的改革成果。

我国的高等职业教育随着改革开放和经济发展的需要应运而生。来源大致有以下四种：一是职工大学或其他培训机构转型；二是中专、技校升格；三是民办高校；四是院校合并。高职院校的来源渠道较多，情况复杂，与普通高等教育相比，总体上存在办学层次偏低，教育教学管理不够规范等问题，而且情况不一，水平良莠不齐，整体上办学实力明显不如本科院校。另一方面，高等职业院校在高考录取时基本是第四批或第五批，这些学生有可能是形象思维能力占优势，与本科生相比，存在的智力差异可能属于"类型"的差异，这也正是高职教育作为

"类型"的心理学依据。然而这仅仅是一种可能性，不是必然的规律，从整体上看，生源也存在层次的差异。综上，无论学校的办学实力还是生源情况，与本科院校相比，高职教育存在比较明显的差距。

面向未来，要把高职教育办成一种新类型，立足现实，必须承认目前仍然处于一个相对较低的层次，只有在这个基础上思考改革和发展的问题，才能脚踏实地，扎扎实实地将教育教学改革稳步推进。

目前，高职院校教学改革的诸多形式，如综合课程、项目教学、任务驱动、案例教学、过程考核等，在基础教育课程改革中已经提出并推广，既不是高职教育所特有，也不是现在的创新。在学习借鉴国外教学模式时，机械套用，概念、原理晦涩难懂，难以推进，说明我们在改革中真正的理论创新不多，不能结合实际情况形成自己的理论和思想。其中很重要的原因就是缺乏理性的思考和批判的借鉴，缺乏严谨的理论研究和务实的教学实践，而这些恰恰正是普通高等院校优秀的传统。改革必须从学习开始，从学习传统开始。

二、高职教育对普通高等教育的继承

继承普通高校优秀传统，体现在井然的秩序、严谨的作风、厚重的文化和大度的胸怀等方面。大学的功能在于教书育人、科学研究和文化引领，继承的具体内容应包括尊师重教、崇尚学术、文化渗透。

尊师重教。要实现育人的根本目的，就必须坚持以教学为中心，这是我国教育历史的经验、教训证明了的真理。教学活动是学校传授知识、训练技能、发展智力和能力，实现人才培养最基本、最有效的途径。学校工作围绕教学工作展开，保证教学工作的优先地位，是高职院校必须坚持的基本原则。全心全意地相信和依靠教师，尊重教师人格，支持教师工作，关心教师生活，让他们安心从教、潜心思考、静心研究，才能真正提高教育教学质量。尊师重教是学校生存和发展最基本的原则，也是高职院校传统的核心要素。

崇尚学术。大学的灵魂就是学术追求。潜心科研、追求真理、学术自由是积极向上、尊重科学、求真务实、文明民主的大学精神最根本的源泉。做学术是大学教师的精神追求，是凝聚和净化教师心灵的方式，是严谨治学作风的内因，是教师团结、协作的内在动因。科研是学术的外化，也是丰富教学内容、提高教学品质的有效途径。高职院校的科研方向应侧重于技术应用领域的研究、资料性研究以及对高职教育本身的研究。

文化渗透。高等院校要成为区域内文化的中心。朴实而厚重的文化基础和人文环境，是滋养学生心灵、陶冶学生情操的精神血液，是学校育人的重要组成部分，起到了"润物细无声"的效果。积淀厚重的文化，是大学成为文明源头的基础，是营造育人环境的奠基性工程。

对于高等职业教育来讲，对传统高等教育的继承，目的在于规范秩序和积累实力。对普通高等院校优秀传统的继承，是一种高层次文明的传承，对于高职院校办学过程中的各种行为能起到"规范"的作用，特别是以教学为中心建立的有条不紊的工作秩序，是保证"培养人"这个教育根本目标实现的基础。学校的实力和人才培养水平，需要在积累中形成，教师的教学能力、学校的办学品位和校园文化，也需要在积累中提高和加强，而积累必须有良好的秩序。通过继承传统高等教育的优秀传统和"大学"精神，形成适合高职教育的正常教学秩序，在大量积累的基础上积极创新。

目前，高职教育强调改革较多，继承谈得很少，割裂历史会让教育变得苍白而单薄，否定传统会摧毁教师的信仰。在目前的高职教学改革中，存在只有理念，没有理论，只有热情，缺乏理性的问题，其原因正是没有继承高等教育的优秀传统，基础不深厚。只有在继承的基础上去思索改革，才能站在历史的高起点面向未来。

三、高职教育对高等教育的改革

对传统高等教育单一的教学形式进行改革，是高等职业教育发展的动力。改革的任务主要是改变学科主体的课程体系，单一、固定的教学方法以及教学组织形式。

改革学科结构课程体系。普通高等教育是在精英教育的条件下形成并发展的，有严密的学科知识结构，突出各科目知识内容内在的逻辑性，却一定程度上割裂了事物本身有机的完整性。高职教育培养的目标要求对生产工艺或服务流程进行整体性把握，要求突出理论知识的功能性理解和实际运用，体现在知识结构的综合性，应根据各行业（职业领域）内各环节（岗位）具体的工作过程特点，构建适合于培养现场技术人员知识结构的课程体系。

改革单一、固定的教学方法。传统的高校实践教学重在实验验证，职业院校则强调学生对生产、服务的工艺、流程的真实体验，关注的是真实的工作过程和工作任务，其实践教学就必须是在完成工作任务的经历中，突出实际操作技能训练和对工作过程的体验，并获得对真实工作环境的感受和实际工作的方法，要求灵活安排教学，突出情境性和实践性。

改革教学组织和管理方式。高职教育的教学活动，在实施的组织和管理方式上，要打破原来以教材、教师、课堂为中心的教学组织形式和备课、上课、作业、复习、考试五个环节的教学流程，代之以在工作任务驱动下的理论与实践相互联动，操作与学习相互交替，练习与反馈不断进行，专业能力、方法能力和社会能力协同发展的过程。借鉴企业工作岗位的组织和管理方式，增加学生的"实境"体验，构建有机、完整、立体的教学组织形式。

对高等教育改革的意义在于突出职业教育特点，创新人才培养模式。高职教育要成为一种新类型，培养应用型技术人才，强调情境性，突出形象思维能力和操作技能的培养。对传统高等教育教学形式的改革，就是要使教学过程符合高等职业教育的本质和规律。改革的核心就是人才培养模式的创新，包括理论创新和实践创新，加强理论研究，大胆进行实践探索，促进高职教育的稳步发展。

四、高职教育继承与改革的关系

正确处理继承与改革的关系，才能使我们既有厚实的基础，又能与时俱进，锐意改革。

我国高职教育创建时间短，基础相对薄弱，从高等教育中继承其优秀的传统，即教书育人、崇尚学术、自由民主的大学精神，改革其偏重理论、内容陈旧、方法单一等教学形式，真正建立适合于高职教育发展的教育教学新秩序。尽可能地汲取传统大学教学的精华，以丰富我们教学的基础内容，继承大学的教学方法使我们找到改革的基本起点。继承大学教学管理模式，才能保证教学的正常秩序，在继承的基础上谈改革，才能使改革站稳脚跟、步伐稳健、成果扎实。否则，改革过程就会没有理性的思考，也就没有正确的思想指导。谈改革不知道真正要改革什么，就是因为没有理性的批判能力，要么墨守成规，要么轻率抛弃，改革就成了标新立异或者形式主义。

在发展的过程中，要正确处理积累与创新的关系，只有积累，不能前进，只有创新，则没有收获。继承高等教育优秀传统，就是为了增加积累，奠定改革和发展的实力。改革传统教学形式，是为了创新，推动高职教育的向前发展。实力不断增强，质量不断提高，效益不断呈现，才是发展的终极目标。

传统大学有着厚重的文化积淀，对教师和学生的心理都有净化和提升作用，对人有潜移默化的熏陶，传承大学文化是继承传统大学精神的重要内容，这样才能增强我们的"内力"。对传统大学管理体制进行必要的改革，使之适应职业教育的特点，对教学的组织结构和组织形式进行改革，是促进高职教育教学改革的一个重要环节，是解放学校内部生产力的必要手段。

在这个过程中，要正确处理规范和突破的关系，规范有利于积累，创新就必然突破。只有规范会停滞不前，只有突破会失去方向。继承传统就要保证正常的教学运行秩序，突破就是要创立适合高职教育的教学新模式。

我国教育的发展历史证明，学习和借鉴国外成功模式是必由之路，我们曾借鉴日本、美国、苏联等教育模式，职业教育发展中我国借鉴德国、荷兰、加拿大等国的模式。然而学习和借鉴是为了探索发展道路，要从我国国情出发，认真分析不同国家、不同民族的文化背景，找到我们能够学习借鉴和成功的要素，探索适合中国文化和适应中国学生的职业教育发展道路。只有借鉴才能有所突破，而借鉴必须是批判地吸收，而不是机械地套用国外模式。立足于我国高等职业教育特点，批判地吸收国外模式中的合理成分，创造性地构建具有中国特色的高职教育新模式，是改革的核心。

继承的核心在于积累，只有对大学优秀传统进行必要的继承，才能保证办学的实力和层次，保证改革的理性和借鉴的批判性，避免盲目地改革和表层地借鉴。改革的核心是创新，只有创新才能发展，积累才有现实意义，借鉴才能产生效益。不断地学习和思考、探索和实践，才能促进高职教育持续地发展。向传统学习，能使我们充分利用历史的成果，站在一个历史的高起点上，理性地进行思考；向国外成功模式学习，可以帮助我们明确发展的方向。在学习的基础上创新理论，并在实践中不断探索，才能走出具有中国特色的高职教育发展之路。

第三节 高职教育人才培养理念模式的更新

高职教学，要强化创新、创业能力的培养，必须从教学理念上明确两个前提。

其一，要符合高职教育的应用性特色。这也就是说，高职教学必须坚持基础理论知识以"必需、够用"为度，而教学过程坚持以培养能力为中心的原则。从这一教学理念出发，高职教学必然形成两种教学体系的融合，即理论教学体系和实践教学体系的相辅相成、化为一体。

其二，要符合知识经济和经济全球化的时代特色。这就要求高职教学以大系统教育观为指导，成为一个开放体系、动态体系，能够把握国际教育的脉搏，并与其对接、交流、合作。

一、准确定位，深化教学改革

建立具备高职高专特色的人才培养模式，在 21 世纪初，经济、社会和科学技术的迅猛发展对高职高专教育的改革与发展产生了全面而深刻的影响，并提出了更高要求。面对新的机遇和挑战，以人才培养模式改革为重点，进一步深化高职高专院校的教学改革，提高人才培养质量，办出特色是当今乃至今后一个时期内我们所面临的艰巨任务。经过几年的探讨、研究和实践，我们深深感到一所高职高专院校能否在地方经济建设和社会发展中找准自己的位置，发挥自己的优势，真正办出特色，在很大程度上取决于学校的定位是否准确，培养的人才规格与质量是否符合社会的需求。

（一）构建高职高专教育的专业体系

准确定位，以服务地方经济为目标，构建高职高专教育的专业体系。教育部陈至立部长在 2001 年度教育工作会议上指出，今后高等教育的发展，要向有条件的地市级城市延伸，大力发展社区性高等职业教育和社区学院，使高等教育区域性布局更加合理，培养当地留得住、用得上的人才。高职高专院校要想生存和发展，必须以服务地方经济建设为己任，把"准星"瞄准地方经济建设，培养能够胜任生产一线工作，具有一定专业知识和实践动手能力的技术应用型人才。高职高专学校相对于普通高等学校的最大特点之一就是要有突出的办学特色。基于这样的认识，可以建成一所既有专科又有本科、既有学历教育又有短期培训、既有普通教育又有成人教育、既有理工科又有人文社科的多层次、多形式、多学科的综合性社区大学，把"联系区域经济更紧密，体现区域经济更明显，服务区域经济更直接"作为办学的指导思想，把人才培养目标定位于培养实用型、应用型和技能型的人才。

专业设置是学校教育与社会需要的结合点，高职高专院校办学的特色之一体现在专业设置上。为了做到"适销对路"，从多渠道、多层面听取用人单位和劳动、人事部门的意见，并争取政府支持，借助行政手段召开专业设置论证会；成立专业建设指导委员会，从社会各界聘请专家作为专业建设指导委员会委员和学校的兼职教授。

为了适应社会对人才需求状况的不断变化，专业设置应坚持多品种、小批量的原则，同时兼顾办学效益，高职院校可以在设置专业时采取"大平台、小模块、多方向"的方针，围绕机械机修、电工电子、计算机、经贸、建筑、资源开发六个平台设立不同专业，尽可能充分利用师资、教学仪器设备等教学资源。并且各专业积极寻求行业背景，如：建筑类专业与省建设厅、经贸类专业与市财政局、省财政厅，计算机类专业与省劳动厅等均建立了关系，为各专业提供了行业支持、专业建设指导和政策导向，有利于专业的合理设置和健康发展。

（二）以学生的全面发展为本，深化教学改革

建立有高职高专特色的人才培养模式。高职高专教育必须面向市场，满足经济建设的需求。具体表现为必须以学生的全面发展为本，满足学生的学习要求，为学生提供就业所必备的业务知识、操作技能和职业道德方面的教育指导。这就要求高职高专院校必须深化教学改革，从加强能力培养出发，建立新的有高职高专特色的人才培养模式。

1.让学生自主选择专业

学生就读高职高专院校是为了将来好就业，就好业。学生在高考时，选择什么样的专业作为自己今后的职业，带有很大的盲目性，而且，随着他们知识的增加和眼界的开阔，学生的志趣也在不断转移，并在更深的程度上了解自我。因此，应该给学生再次选择的机会，充分发挥学生的个性，让每一个学生找到最能发挥自己特长的专业，这也有利于创新人才的培养。所以，高职高专教育应在专业选择方面为学生提供指导和服务。

2. 让学生自己选择学习时间

要想使学生能够更好地学习，就需要学生能够自己掌握学习时间，这样，他们才能够意识到自主学习的重要性。这种有选择的学习时间，就是学分制和弹性学时制。所谓学分制，就是指在学生学习过程中，不以学习年限作为限制毕业的标准，而是利用学生的学分来计算学习量，根据学习量的多少来决定学生是否能够毕业。与传统的、固定的学时相对比，弹性学时制度比较灵活，对于学生来说，这是一种十分受欢迎的学习制度，它的核心就是灵活的入学、学业与毕业管理手段。随着时间的推移，社会的进步，教育制度与观念也应该不断地与时俱进，如今的教育更看重学生个性的发展，在教学过程中，学生是学习的主体，应该要构造出一个以学生为主体的教学体系，促进学生更好地学习。另外，还要构建一个终身教育体系，促使高职高专学生终身学习，活到老学到老，不断学习，成为社会发展的中流砥柱。

3. 让学生能够选择老师

学生不仅能够选择专业、选择学习时间，而且还可以选择老师，这是学生作为一个教育消费者的权利。这样把教师的教学和科研推向了竞争市场，对教师提出了更高的要求。教师不仅要在理论课的学习上指导学生，还应在实际操作方面给予学生帮助，不仅具备教育心理学方面的知识，还要对当前的社会状况有深刻了解。开课后的一段时间内，允许学生自由选择。学生选课的过程实质上也是选择老师的过程。在基础部试行主讲教师制，组织公开教学，为学生自由选择教师提供了条件，并收到良好的效果。

4. 因材施教，实行分层次教学

为了适应高职院校学生生源层次多、基础不一的实际情况，并结合专升本的需要，依据因材施教原则，可以对学生实行基础课（英语、数学）分层次教学。其中，A 类教学主要是为生源中基础好、有专升本要求的学生而设计；B 类教学满足高职高专学生的教学基本要求。此种教学方法打破了传统的班级限制，实现了跨系、跨专业、跨班级的整合式教学组织方法，既满足了不同基础的学生对学习的不同要求，也在很大程度上提高了办学效益。

5.使学生一主多辅，一精多能

一主多辅，即人才培养以应用型为主，以外向型和复合型为辅；一精多能，即要求学生除在应用能力上精通某一特长外，学有余力的学生还具备从事其他应用性工作的能力。这一人才培养模式，深化了应用型人才培养的方法和途径，增强了毕业生适应社会竞争的能力。实行"多证书"毕业制度，要求学生必须拿到毕业证和所在岗位的操作技能等级证书才能毕业。同时实行主辅修制，学生可以主修一个专业，并选择辅修另一个专业，使学生能适应社会经济需求多方面的要求。

（三）教学上加强实践环节

采用"实战"教学方式，引入案例教学。学以致用，尽可能缩短学生毕业后上岗的适应期，这是由高职高专教育的特色决定的。加强能力培养，应该采用模拟"实战"的教学方式。首先，在教学计划中，把实践性教学环节所占的学分增加到40%以上，突出实践环节教学的重要性。其次，引入目标教学和案例教学。最后，在加强实践教学环节的同时，还在毕业实习、毕业设计这一环节上多动脑筋，多做文章，让这一重要的教学阶段和学生的求职联系起来，把毕业实习和学生的预分配、岗前训练联系起来，让学生真题真做，积累"工作经历"。学生一入学，就可以根据自己选定的专业选择几个毕业设计题目，在教师的指导下收集资料去完成，也可以在毕业实习时，选择自己的工作单位，从单位带回题目，在教师的指导下完成，为毕业后的工作积累经验和资本。学院还应多次安排和组织社会实践活动，让学生及早接触社会，了解社会。

在近几年的实践中，我们体会到，高职院校应尽快适应高等教育大众化的发展趋势，根据自己的生源情况，制定与其他本科学校不同的办学方向、培养目标和人才培养模式。使得善于动手的学生有更强的就业能力，使学校有更广阔的发展空间。

二、高职教育必须努力培养创新人才

对于人才来说，创新尤为重要，一个会创新的人才，对于科学来说至关重要。科学的本质就是创新，就是研究新领域、发现新规律。在20世纪，相对论、量子论、基因论、信息论的形成都是创新思维的成果。在 21 世纪，创新能力十分重要，创新是一个民族的灵魂，是一个国家发展的不竭动力。对于一个国家来说，拥有多少创新人才，也就意味着这个国家经济发展与科技进步的能力水平。

（一）培养创新人才的素质

知识经济、创新意识对于 21 世纪的发展至关重要，全党全社会都要高度重视知识创新、人才开发对经济发展和社会进步的重大作用，使科教兴国真正成为全民族的广泛共识和实际行动。我国高等职业教育能否培养出适应 21 世纪知识经济发展要求的创新人才，关系到我国高等职业教育的生存和发展，为此，我们必须首先在创新人才应具备的素质上下功夫，对学生进行这些素质的培养和锻炼。

1. 激励学生的开拓进取精神

勇于开拓进取，这是创新人才应当具备的首要素质。知识创新、技术创新就是要求走前人未走的路，哪怕荆棘塞途，甚至刀山火海、万丈深渊；就是要勇于或善于站在别人的肩上进行再创造；就是要勇于在未开垦的土地上取得成果。诺贝尔奖获得者理查德·费曼在遇到难题时，总是萌生出新的思考方法，他认为自己成为天才是因为从不理会过去的思想家如何思考，重要的是如何独立思考创新。要敢于冲破传统观念的束缚，不迷信权威，不畏惧艰险，有"敢为天下先"的精神，带着对人类社会高度的责任感，带着造福人类的决心，带着献身于知识创新、技术创新的志向，去实现自己的创新目标！

2. 培养学生的探究意识和钻研能力

对于一个有创新能力的人来说，打破砂锅问到底、刨根问底、追本穷源，是创造发明的重要阶梯。幻想常常是科学发明、知识创新的先导。我国著名作家秦兆阳曾讲述过他上小学时的一件事。一次上课写作文，他假设自己做了一个梦，飞到月球上去了，接着又想象：地球之外是什么？之外之外又是什么？之外之外之外又是什么？这篇作文博得老师赏识，老师在该文后批了一首诗："无事好作非非想，幻想自向梦中来。若将天地常揣摩，妙理终有一日开。"当然，探求知识不能单靠幻想、想象，法国细菌学家巴斯德说过，在观察的领域中，机遇只偏爱那种有准备的头脑。没有充分的知识积累，没有追求真理的渴望，没有科学的思维方法，没有刻苦钻研的精神，单靠幻想、想象怎么能抓住机遇，怎么能成为创新人才？多一分劳动，就多一分收获，"不经一番寒彻骨，怎得梅花扑鼻香。"必须潜心钻研，去获得大量的感性材料，哪怕是"独上高楼，望尽天涯路"，任它"衣带渐宽终不悔"，终会"踏破铁鞋无觅处，得来全不费工夫"，从感性认识上升到理性认识，再指导实践，从而产生出巨大的物质力量。

3. 正面引导、教育学生铸成恒心与虚心

"贵有恒何必三更眠五更起，最无益只怕一日曝十日寒"，成功的根本在于长期坚持，知识创新过程也就是在时间上考验创造者恒心的过程。知识创新、技术创新并非一帆风顺，失败在所难免。失败乃成功之母，我们必须有恒心才能实现创新，只有不畏劳苦沿着陡峭山路攀登的人才有希望达到光辉的顶点。在成功之前，人们能够虚心接受他人的观点，成功之后，特别对于在创新方面取得重大成就的人来说，继续前进，尤其是主动放弃自己陈旧的观点，就需要有超乎寻常的勇气。我们必须学习竹子的品格："未出土时先有节，到凌云处仍虚心。"要清楚"谦受益，满招损"，勤学好问的虚心是保持人的创造力经久不衰的重要因素。我们的学生无论在课堂上还是在实习基地，都要做到嘴勤、手勤、腿勤，实践中总有书本上学不到的知识，他人身上总有我们缺乏的长处。

（二）建立培养创新人才的新机制

目前，我国的高等职业教育同社会需求既有适应的一面，如提倡一专多能、推行双证书制度、强化学生动手能力、学生毕业后"下得去、用得上、上岗快、留得住"等等；也有许多不相适应的地方，表现在学生的组织表达能力、独立自主能力和创新能力等方面。我们必须适应知识经济的要求，建立起培养创新人才的新机制。

1. 要转变教育观念，开展创新教育

传统习惯把"老实听话""循规蹈矩""老成持重"的学生视为好学生，将个性强，独立性、自信力强，喜欢标新立异的学生视为异端，因而抹杀了不少具有创新意识的人才。当前，我国社会生产力的发展面临着高科技的挑战，经济领域中社会主义市场经济体制的确立，使时代在各方面都呈现出变化速度加快和价值多元化的倾向。社会的发展越来越依赖于人的潜能和主体性的发挥，我们的高职教育不仅是传授知识的殿堂，更应是培养创新精神和创新人才的基地。在新的历史条件下，在改革和竞争的环境中，高职教育要适应时代要求，引导学生独立思考，敢于独辟蹊径，勇于超越自我，树立开拓创新意识，把创新教育贯彻到各学科教育之中。创新教育是培养有创新能力人才的教育，是素质教育的重要组成部分，是素质教育的延伸和提高。创新教育是诱发学生创意的教育，它激发学生的创造欲望，促使他们产生创造动机。有人认为，对学生只传授创造技法就够了，这就忽略了如果只知道创造技法而缺乏创意，那就只能是"照猫画虎"。技法只有应用于创造活动时才能显示出威力。我们不能只培养"比着葫芦画瓢""囫囵吞枣""临摹"式的人，即使他们"临摹"得再好，我们应努力培养出有创造性思维、能再创造的人来适应知识经济的时代需求。我们在思想观念上要明确：在培养创新人才时必须把具备创新意识、创新能力作为对人才基本素质的内在要求。

2. 突破传统的教材内容体系，建立科学的教学方法

教学内容应从培养创新人才的要求出发，要突破传统的体系，本着学生未来所从事的职业岗位对知识的需求，对教材重新设计，删除陈旧的内容，增加先进的专业知识，并做到以能力培养为导向，基础理论为尺度，启发创新为目的。随之，教学方法也要进行变革，彻底改变"满堂灌"的做法，提倡"启发式"与"参与式"的教学方式，变教为导，将学生作为课堂教学的主体，不断引导学生，通过大量实例教学，启发学生积极思考，拓展思维，打破思维定式，不断创新。建立起一个实践教学的环节，在实践教学中不断开发学生的创新思维。

3. 大胆开拓，制定有利于创新人才脱颖而出的评价指标参数

学生高考升学的选拔标准，三好学生的评选标准，对毕业生的综合测评标准等等，都要考虑到创新意识、创新能力的因素。高职学校在这些方面都有所尝试，比如，在对学生的综合测评中，学生的发明创造占有一定的比例等等，这些评价指标在一定程度上激发了学生的创新意识，为创新人才的培养创造了条件。

4. 构筑宽松的学术氛围，形成有利于创新人才培养的育人环境

目前，要形成有利于创新人才培养的育人环境，就需要构筑一种宽松的学术氛围，解放思想，实事求是，要大力推行和实施素质教育、创新教育。过去的应试教育是以知识为本，而今，素质教育、创新教育是以人为本，以人的发展为本。知识经济时代的制胜法宝是拥有具备创新意识和创新能力的人才。由于传统的教育只注重传授知识，与知识经济时代的要求相去甚远，因此，培养学生的创造精神和实践能力成为素质教育、创新教育的重中之重。我们必须克服传统教育中"两

强两弱"的现象，即只强化基础知识的传授与应试能力的培养，而弱化创新思维与动手能力的培养；必须涤荡"死读书、读书死、读死书"的现象，把创新教育当作充分挖掘学生潜能、造就创新人才的法宝。我们要放宽对专业设置、课程设置、教材选择等方面的限制，使学校的一切工作都能围绕"出成果、出人才、出效益"这个中心展开，使我们培养出来的学生能成为适应知识经济时代要求的应用型和创造型人才。

5. 面向社会、面向企业、面向未来

职业教育的人才培养与经济建设有着一定的联系，随着社会的发展，职业教育的人才培养模式也要与时俱进，走产、学、研相结合的路子，不断培养创新人才。目前，我国的经济结构不断优化，高新技术不断发展，迫切需要大批的应用型、复合型、创造型的技术和管理人才。我们可以借鉴香港的做法，充分利用政府、学校、企业三方面的优势和综合能力，由学校与政府、行业三位一体统筹规划、协调和管理职业技术教育。要通过产、学、研结合及合作办学，拓宽高等职业教育的办学渠道，提高办学质量，要在与企业联合办学的实践中，在学生直接参与生产、科研和管理的过程中，在学生不仅学到了知识、技术，锻炼了能力，还创造了经济效益的情况下，培养出学生的创造热情和创新能力。

6. 教师是建立人才培养机制的关键

如果说一个好校长可以带出一所好学校，那么一个好教师则可以带出一群好学生。知识经济时代，高职院校师资队伍的优化工作十分重要。一是要选拔好学科带头人，要不以资历论，而以才学论；不以年龄论，而以实力论。二是有一个师资队伍优化的机制，学生可以择教师选课。学校对教师真正实行低职高聘、高职低聘，通过教学评估，对教师实行优胜劣汰。三是建立一支"双师型"教师队伍。四是提高教师队伍的整体素质。对于学生来说，教师队伍的整体素质至关重要，良好的教师整体素质，能够给学生树立一个好的榜样。目前，一种比较科学的教育思想就是素质教育、创新教育，这对教师也提出了更高的要求，要将这种科学的教育思想落实到学校，体现到学生身上，就离不开教师的努力实践。在这种背景下，教师的综合素质、专业水平等都需要进一步地提高，要从实际出发，做好规划，提高教师队伍的整体素质，调动教师的自觉性，不断加大培训力度。

创新是一个民族的灵魂，是国家发展的不竭动力。对于一个国家来说，创新能力十分重要。在如今这个时代，一个国家的创造性人才越多，国家的创新能力就越强，在国际中的地位就越高。我国是一个发展中国家，与西方欧美国家相比，无论是技术发展水平还是创新能力，都有一定的差距。我国要发展起来，不仅需要各种高技术水平的人才，还需要创新人才。第二次世界大战后，在世界经济振兴时期，美国、加拿大、日本、德国的高等职业教育，对其国家的经济发展起到过巨大的作用。今天我国的高等职业教育要借鉴它们的成功经验，我们还要根据我国的国情和知识经济时代的要求，走出一条符合我国自身发展的道路，建立起"专才与通才"相结合，应用性与创造性相沟通的人才培养模式，使我们的高等职业教育无论在教材、教师、学生，还是管理等方面都有特色、有活力，以培养出适应知识经济时代要求的创新人才。

三、新世纪技能人才培养的新理念

当我们跨入 21 世纪，以知识经济和信息化为特征的经济国际化趋势迎面而来。这不仅对国际社会各领域产生巨大影响，并在国际市场上出现对人力资源的开发及关键人才的培养提出了新的挑战。在我国，由于生产制造业发展的需要，已经开始呈现出对高级技能人才需求的紧迫性。作为在工业经济时代把高科技设计转化为高质量产品过程中起桥梁作用的高级技能人才，在新世纪，特别在知识经济时代应如何应对这一挑战已经成为职业教育机构、企业及生产管理一线的技术人员极为关心的问题。下面我们从三个方面讨论这一问题。

（一）正视现实，树立正确的人才资源观

如今是知识经济的时代，在这个时代最重要的资本就是人才，谁掌握了人才，谁就掌握了未来。据权威人士讲，知识经济时代最重要的推动力量是人力资源的高素质化，即有了高素质的人就有了一切。

在知识经济时代，要正视现实，树立正确的人才资本观。在经济发展过程中，知识是主要发展动力，而知识又是被人才掌握着的，因此，在如今这个时代，人才是最为重要的，也是企业最重要的资本。在企业的生产活动过程中，人才不仅不会像其他物质条件一样被消耗，反而会在生产活动过程中不断增值。无论是企业还是国家，最重要的就是要重视人才，尤其是核心人才的培养。如今，随着知

识水平的提高以及人力资本的崛起，在将来有可能会出现一个劳动力支配资本、人力资本支配物质资本的时代。我国是一个发展中国家，要使社会不断发展，就必须培养更多的人才，这样才能追赶上其他发达国家的脚步，要树立人力资本的观念，重视人才，积极推动继续教育和终身教育，不断提高我国人力资源的素质。

（二）新世纪如何选择技能型人才

新世纪的经济主要是知识经济，知识经济需要的人才是由知识经济自身所决定的。当然在知识经济时代，人才选择标准无疑更加突出"知识化"，即强调真正拥有和更好地运用"知识"，创造经济价值。知识本身是一种资源并非实际产品，知识作为资源的意义在于可以将它开发转化成巨大的经济价值。从某种意义上讲，这些高质高效的开发及"转化"人员就是知识经济所选择的人才。其中高素质、高层次的技能型人才在生产、服务一线将"现代知识"及"高科技"转化为高科技附加值的产品过程中，担任了不可替代的角色，为社会创造了不可估量的社会效益和经济效益。知识经济愈发展，社会经济效益愈高，对技能型人才的素质要求就愈高，需要高级技能人才的相对数量及绝对数量也就愈大。

另外，从产业结构上来看，知识经济是以知识、无形资产和知识型劳动为核心的生产要素构成的产业结构，这个新的产业结构的产生，无形之中也改变了社会对于人才的需求。如今是知识经济时代，知识型的劳动者越来越受到重视，成为全社会的共同需求，社会也在悄然发生人才需求结构的变化。从国际上来看，技术人员的结构也存在一定的变化。在美国，就业人员中的专业职位、技术职位与非技术职位的比例发生了很大的变化，从 20 世纪 50 年代的 2：2：6 到 20 世纪 90 年代的 2：6：2。随着时间的推移，一些职位被淘汰，一些职位被增加，在这个过程，高等技术人才始终十分抢手。根据这个现状，我们可以发现，如今正从工业经济时代转向知识经济时代，劳动者的性质也在发生着转变，劳动主体逐渐由体力劳动者转变为高技能人才。高级技能人才就是知识型劳动者的代表，知识经济时代需要高级技能人才。高级技能人才会在知识经济时代大显身手，施展个人才能。

（三）技能人才面临新世纪的挑战

知识经济时代是新世纪社会经济高速高效发展阶段，知识经济时代对具有能创造更高社会效益和经济效益的各类优秀人才的需求量不会减少而会逐步增加，与此同时，由于经济国际化的趋势，人们对人才选择的标准会愈来愈高，就技能人才而言，也面临新的挑战。

1. 新世纪人才须突出"知识化"

企业要在激烈的市场竞争中生存、发展，就必须依靠自己的员工生产出高质量、高性能、高附加值的产品，它需要高层次的技能人才将优化的设计转化成产品，这些高层次的技能型人才要具备精湛的操作技能和高超灵活的心智技能。知识经济时代需要更高层次的心智技能与有突出特色的创造性技能，以便发展更高水平科技，创造更高的价值。高层次的心智技能是以科技知识及经验知识作为依托培养出来的；缺少科技知识不行，缺少经验知识也不行。随着科技的迅速发展，产业结构的不断变化以及产品的高科技含量日益提高，不仅要求工程设计人员不断提高本人的知识层次和科技水平，对于将高科技的产品设计转化为高质量产品的桥梁——技能型人才，也要不断提高自身的科学文化知识水平，进而才能不断提高本人的操作技术。从统计中发现，技术工人操作技术的掌握和提高直接与本人的科学文化知识水平相关，科学文化知识水平愈高，操作技术掌握得愈好，技术水平提高得愈快。高科技人才在注重本身技能训练和职业能力提高的同时，要特别重视专业理论知识的学习和提高，这样才能不断增强对职业岗位的转换及产品的更换等变化的适应能力，新时代要求技能人才必须树立终身学习理念并且持续地发展和提高自己的素质，进一步保持和发挥这支队伍在生产、服务一线岗位上的中坚、骨干和带头作用。

2. 新世纪需要更高的思想品德素质

工业经济逐渐向着知识经济演变，这时候，对于人的思想道德素质提出了更高的要求。这是因为在知识经济时代，人们利用知识研发出一项技术、一项发明成果，这会很快地对整个人类产生影响，而且，这种影响可能是一种有益的影响，也有可能是一种有害的影响。如果某项技术被拿来作恶，那么可能会给社会带来巨大的损失。众所周知，一些丧心病狂的人制造的所谓"黑客"，把他们潜心编制的各类计算机病毒通过计算机网络对许多国家的正常网络进行破坏、干扰，使一些国家遭受上百亿美元的经济损失。此外，还使不少国家的政府投入很大力量组织专门机构来"应付"这些不速的"黑客"。但具有良好思想品质的科技工作者则可以利用自己"知识"的优势不断创新开拓，为社会作出重大的贡献；还可以运用自身"知识"，通过他们的积极努力，有力地粉碎一些恶意的人利用知识与科技成果妄图危害社会的罪恶企图和行为；尽量预防、减少和挽回"黑客"制造者们给社会带来的损失。

思想品质与个人修养已成为知识经济时代人才全面素质的重要指标之一。作为社会财富创造主体之一的高级技能人才在知识经济时代需要不断学习与参加培训，不断提高本人思想、政治、道德和心理素质，不仅要在促进物质生产的发展中发挥积极作用，还要在引导整个社会道德的进步上作出更多的贡献。

3. 新世纪要求更高的创造能力

知识经济的灵魂是创新。创造才能是现代人的基本素质之一。在不久的将来，国家的最高经济利益将主要取决于同胞们的创造才智，而不取决于我们的自然资源。1999年世界首富的位置由最早的经营工业产业生产及多年财富积累的汽车大王、石油大王，移位给仅几年时间依靠计算机软件技术的创新与发展起家的美国微软公司总裁比尔·盖茨。这一事实清楚地展现出"知识"的力量和创新的价值。正因如此，工业发达国家都十分重视创造才能的训练与培养，有些国家的大公司还设立创造工程课，对职工进行创造发明的教育。美国通用电气公司也实施了这种创新教育，结果表明，经过创造能力培养和培训后的公司职工的创造发明项目比未进行培训前高出3倍。

进行创造性劳动是高级技能人才的基本素质。在知识经济时代，新产品的转化与生产愈来愈依靠技能操作人员的创造性操作技能来代替再造性操作技能，以复合型技能代替单一型技能。因此技能操作人员还应该参与创造学知识与创造技法的学习与培训，不断强化自身创造意识，更新常规思维方式，改进技能操作方法，在工作中树立创造、创业、创新精神，并以这种三创精神开展劳动与工作，为企业的发展，为国家综合国力的提高，做出更大的贡献。

第三章 高职教育人才培养模式现状与问题

本章主要内容为高职教育人才培养模式现状与问题，共分为三节，分别为国外高职院校人才培养的典型模式、国内高职院校人才培养的发展、高职人才培养模式的特征与发展趋势分析。

第一节 国外高职院校人才培养的典型模式

一、北美 CBE 人才培养模式

（一）基本发展概况

北美 CBE 人才培养模式，实际上就是以能力为基础的教育模式，也可以称为能力本位教育模式。这种教育模式在第二次世界大战期间产生。第二次世界大战期间，美国为了使武器制造工人掌握装配技术，迅速适应生产线，于是提出了"能力本位"教育。从 20 世纪 50—60 年代到 80 年代，其方法理念从企业生产领域逐步转移到教育领域，同时催生世界科技进步与教育领域对应的学科完善。20 世纪 70 年代经济危机爆发，虽然是生产领域矛盾问题，但是人们也开始反思人对劳动技术领域和社会职业的适应问题，教育领域重技能知识轻实践操作能力培养的问题暴露出来。为了解决这一问题，通过对其深入细致的研究调查，休斯敦大学的教授强调对学生进行培训和再培训，这样，最终形成了一套职业教育理念，使得 CBE 开始成为一种比较完整、系统的教育方法体系。

CBE 模式起源于美国，在加拿大、德国等国家发展起来，第二次世界大战以后，美国教育委员会专家组整理形成了《战时培训的教育经验》报告，CBE 模式初步形成。首先应用于教师教育领域，1965 年，学校师资建设依靠美国教育部门拨款支持，开始逐步探索。1968 年，联邦政府要求学校基于教师能力分析开发初等学校教师课程模块，并提出相应的能力测量与评估方法。1972 年，能力本位教育中心委员会在美国成立，并公布了 100 个用于师资队伍建设和优化师资培训的基于 CBE 的教育模块。20 世纪 70 年代逐步应用于职业教育领域，这种能力本位的模式逐渐传入加拿大，加拿大皇家经济开发中心和美国进行合作，共同开发形成了一种新型的教学模式，应用到职业教育领域。后来，美国的这种 CBE 人才培养模式又逐渐传入到澳大利亚、日本、中国在内的许多国家，被这些国家所接受和认可，并对职业技术教育产生了深远影响。在 20 世纪 80 年代，加拿大通过《国家培训法》，将工商界的利益与国家紧密相连，CBE 人才培养模式也被逐渐推广。在 20 世纪 90 年代，加拿大肯定了 CBE 教育模式，并且其 CBE 人才培养模式始终走在前列，随着中国与加拿大的合作交流，CBE 人才培养模式也被引入我国，备受关注。

（二）CBE 模式的理论基础

CBE 模式的产生与发展有深刻的社会背景，更有深厚的理论基础奠基，同时在实践探索过程中产生了许多新的理念，反过来也支撑了该人才培养模式的探索。CBE 模式理论基础主要是教育理论，不仅有相关教学理论，也有跨学科的理论基础，如系统论、科学管理理论基础上的工作分析理论，有宏观层面的泛在理论，也有微观层面的核心理论。

首先，泛在的宏观理论。19 世纪 70 年代实用主义开始逐步凝练为美国文化的重要内容，以杜威为代表的实用主义盛行，经验主义成为哲学的第三个触角，实践意义得到强调，实用主义提出在教育中引入社会实践，在实践中，理论知识和社会实践、职业等相匹配。这种实用主义的理论对于能力本位教育有着重要的影响。以皮亚杰为代表的建构主义引导学生不断梳理自身的知识经验，然后将这些知识经验进行融合重构，能够将新的知识植入到自己的新的知识结构里。这种建构主义的基础是经验主义，在教学过程中，它强调学生是主体，教师起到主导作用，教师创设出一个情境，然后引导着学生进行知识的建构，在此基础上形成的能力也就是 CBE 教育模式的核心要素。实用主义与建构主义为 CBE 模式提供了内容层面的理论基础，而系统论中的整体性、关联性、等级结构性、时序性是基础，信息论则是通过数理统计方法来研究系统，需要针对性的对象和范围，二者为 CBE 模式提供技术层面的理论基础。CBE 模式包含环境、制度、实施过程、评价主体等成功要素，要素之间相互作用，是一个不可分割的整体。在教学过程中，面对不同的专业体系，将它们划分为不同的模块，然后参考学生的现有认知水平，依据学生的身心发展规律以及时序性原则，将这些不同的模块组合在一起，组合成一个比较完善的课程体系。

其次，核心理论基础。CBE 模式主要受布鲁姆教育目标分类学理论、掌握学习理论、反馈性教学原则等理论的影响。布鲁姆教育目标分类学理论将教育目标分为认知、情感和动作技能三个维度，这三个维度也是能力学基础理论的三个基本维度，每一个维度又分为几个子目标，且每个子目标有科学的描述性语言。其次是掌握学习理论，其理论内涵是假定每个人只要经过一定的学习过程都可以掌握该能力，而这个学习过程又涵盖教学目标、教学过程、教学评价、教学研究，在这个过程中又将反馈性教学原则进行了研究，这一系列理论为 CBE 模式中能力的获得方式提供了坚实的理论基础。

（三）CBE 掌握职业能力的培养目标

CBE 的人才培养模式，以能力为本位，通过对职业能力的分析，可以确定其培养目标侧重教育教学内部的导向。CBE 以掌握职业能力为培养目标，一是强调职业能力种类的分析获取，二是职业能力内涵的分解，以便学生全面掌握。

首先，职业能力分类获取，要做好一项工作，需要人们有一定的职业能力。不同的职业要求的职业能力不同。学校可以设立一个专业建设委员会，由一些比较权威的专家组成，通过对专业岗位要求的分析研究，可以找出某种职业需要人们具备的某种能力，从而确定好职业培养目标。一般情况下，一项工作要求人们既具有专项能力，又具有综合能力。在 CBE 人才培养模式中，教师并不是简单地教授学生理论与知识，更重要的是培养学生的能力，以能力为本位。

其次，职业能力内涵分解。各种职业能力内涵分解是建立在对能力认识基础上，将能力界定为知识、技能与态度等。在工作中，对于某个职位所需的能力进行分解，大致可分为四部分，这四部分分别是从业态度、专业知识、职业经验、成效反馈。对能力进行可获得、可学习的分解，再结合课程体系建构与教学模式设计，使培养目标不仅明晰，而且可实现。其中态度在职业能力分解中的意义非常重大,这里所指的"态度"就是指学习工作中的职业道德教育、价值观以及团队精神等。能力本位的人才培养目标承上启下地贯穿整个 CBE 人才培养模式,有基本的实施程序。其中,第一步是市场分析,第二步是进行职业能力的分析,第三步是指具体的实施环节。市场分析是指对于市场上的人才需求、专业设置等的分析。职业能力分析主要就是形成此阶段培养目标的过程;具体实施环节包括课程建构、教学管理与实施、教学评价与改进等。

(四)CBE 课程开发与建设

CBE 课程模式与德国双元制为能力本位的课程建设理念,皆主张模块化的课程体系,CBE 课程模式的独特之处在于探索出了系统的课程开发模式 DACUM(Developing A Curriculum)。这种 DACUM 的课程开发模式,是 CBE 课程开发中十分关键的一步,通过实践证明,DACUM 课程开发模式被广泛用于人力资源管理、教育培训等方面,它是工作分析的最佳使用工具。课程模式理念相同,也有不同的程序,如加拿大百年理工专项任务(职业能力)分析、早期讨论、确定商业计划的框架、课程申请、未来市场预测、广告宣传和课程申请、课程审定或批准与课程建设,但大致分为以下几个步骤。

首先,采用工作任务分析方法,确立课程目标与内容体系。西方课程观没有固定形态的课程与教材,更多被称之为教学计划。要利用工作任务分析的方法,确立课程目标与内容体系,首先就要建立好一个 DACUM 研讨委员会,然后选取经验丰富的工作人员进入 DACUM 研讨委员会,然后在这个委员会中进行讨论研究,得到以职业岗位需求为核心的课程开发教学体系。在职业发展中需要用到综合能力,将综合能力进行分解,可以分解为许多专项能力,将这些专项能力进行整理可以形成一张 DACUM 的图表。

其次,专项能力分析。专项能力分析专家组委员会同课程开发委员会不一样,专项能力分析专家组委员会的主要职责就是修订、细化 DACUM 表,然后将 DACUM 表中的专项能力所需要的知识与技能进行排序。

再次,要确定好课程的内容,根据课程的内容选择适当的学习资料,核对岗位能力,然后还要对 DACUM 表进行整理。

最后,对课程进行评估,确保教育质量。评估的主体有三类,分别是学生、外审与内审，其中外审是指教育质量审计机构进行审查评估，内审是指学院内部的自我评估机构进行审查评估。外审一般是各个省或者州一级的政府对学院的关键绩效进行的审核。内审一般是对课程成果、教学内容、学术规划等进行的评估审核。在课程审核中，最主要的标准是课程相关度，即课程内容是否能够满足学生的学习需求，课程成果是否实现，课程评价是否有效等等。

（五）CBE 教学模式

CBE 教学模式的核心理论是建立在教学论基础上的，CBE 教学模式是其理论体系最核心的组成部分，从教学目标到教学模块、教学结构、教学设计、学生学习模式、教学评价等内容形成了独立体系，是 CBE 教学模式的缩影，具体实施环节包括培养教师掌握技能、制订针对性的学习计划、组织课堂和实践教学、学习指导材料、指导学生执行计划、进行日常事务管理。

首先，明确教学目标。CBE 教学模式以能力为中心，不同于传统教学模式以知识为中心，具备很强的针对性和可操作性，注重学生综合能力的培养。以未来教师职业或其他岗位能力为教学目标，教学目标的获取即是通过上述的就业市场分析、能力分析和课程模块层层分解而确定的，形成在课堂教学中可实施且学生可掌握的目标。

其次，关于学生的学习模式与教学设计。在 CBE 教学模式教学过程中，教师作为引导者通过各种教学方法充分调动学生的积极性，提倡处于主体地位的学生参与设计教学活动，采用的是个别化的学习方式，打破学科壁垒，重视学科融合，采用灵活化的教学方法来综合培养学生的各项能力。在 CBE 教学模式中，重点是根据每个学生的基础，为他们提供高质量的学习。教师通过提问、给学生讲解和演示来检查学习进度和反馈信息。加强与校外机构的合作，利用企业的环境让学生实地学习，培养实际的操作能力。对学生取得的每项技能给予评价并颁发证书。

最后，关于 CBE 教学模式的质量评价。在 CBE 教学模式中，考核评价的形式多样，随堂考核和阶段考核皆可。通常来说，每节课开始都会考核上一节课的知识和学生的预习情况，并且根据学生的掌握能力为考核标准进行学习质量的评价。在考核方式上，采用量化、谈话、建立学生个人档案等多种形式对其进行评价，更加公正客观地评价学生，教师还要根据课程模块建立一个《学生目标评价记录表》，将学生的学习情况与评价记录记入学习档案，作为之后的招聘相关依据。在评价理念上也积极转变，基于反馈性教学原则，重视学生的学习成效、存在问题等，便于学生及时调整学习进度，改进学习策略。

（六）CBE 人才质量评价

CBE 模式是以能力获得为基础的人才培养模式，强调能力的获得与个体的资质没有必然联系，而是与学习时间高度关联，因此人才质量评价不能仅仅依靠结果性评价，而是要采用多种方式对学生进行多元化评价，尽可能公正、客观、全面地评价学生。

首先，学生要经常进行自我评价。通过自我评价，能够认识到自己的不足，更加自主地学习。在学生自评完成之后，再由教师点评，这样学生能够客观地认识自己。

其次，建立多样化的评价体系。CBE 模式的人才培养目标表现为各种职业能力，而能力包括知识、技能与情感态度等，传统单一的评价方式无法保障人才培养质量。教师对于学生认知类的核心素养采用量化测评，比如采取大量标准化测验题目，增加开放性问题等，同时，对于非认知类的核心素养则可以采用谈话、调查问卷、建立学生档案等多元形式对其测评。

二、澳大利亚 TAFE 人才培养模式

（一）基本发展概况

澳大利亚 TAFE 模式是职业技术继续教育（Technical and Further Education）的简称，是国际认可的四大职业教育培养模式之一，也是教育制度体系的创新制度，更是终身教育制度的教育实践内容之一。伴随着澳大利亚社会发展需求的变革，行业结构变化，对劳动力素质提出新的要求。与此同时，各类社会劳动者对劳动技能培训有着旺盛的需求，政府也积极倡导终身教育理念，澳大利亚教育制度发生变化。1973 年，澳大利亚技术与继续教育委员会成立，澳大利亚政府鼓励职业技术人才的培养，提出要将学历教育与岗位教育结合起来，将技术教育与继续教育结合起来，理论与实践相结合，促进职业技术教育的不断发展。在澳大利亚，这种职业技术教育有了一个正式的名字——技术与继续教育。

澳大利亚 TAFE 模式是人才培养模式的创新过程，也是澳大利亚教育体系的重要组成部分，因此又被称为 TAFE 学院。澳大利亚 TAFE 学院有两种办学模式：一是独立设置的 TAFE 学院，是主要发展类型；二是大学设职业教育部。澳大利亚共有 4 所设有职业教育部的大学，其办学性质有两类，一是政府开办的 TAFE 学院，属于公办性质；二是公司、企业、私人组织等创办的非政府 TAFE 学院，属于私立性质。澳大利亚 TAFE 模式总体上可以概括为五个发展阶段。

（1）萌芽发展时期（1946—1970 年）。澳大利亚职业教育开始于第二次世界大战后期，大量退役军人需要适应新的经济生产，经济复苏需要大量高素质劳动者，一些技术学校以及工人学院，通过教育和培训以提高工人的技能，与此同时，职业教育对象也从单一的男性变为男女混合，各种因素激发了澳大利亚的职业技术教育发展需求。

（2）起步发展阶段（20 世纪 70—80 年代）。在这个时期，澳大利亚职业部将岗位培训与学历教育、继续教育与技术教育结合在一起，然后使得澳大利亚的职业教育进入了一个新的发展阶段。另外，对于 TAFE 中的角色和使命也做了相关定义，TAFE 是为了在职业教育中向学生们传授知识、培养学生的能力。此时 TAFE 学院在澳大利亚政府大力支持下，资金来源、专业建设等大幅度提升，作为一种职业教育模式开始普及起来。

（3）崛起发展阶段（20 世纪 80—90 年代）。80 年代以后，澳大利亚产业结构变化，衍生出许多新的产业，技术技能人才需求使得 TAFE 模式再次迎来发展高潮，集中反映在 1985 年的《劳动市场计划报告》和联邦政府 1987 年颁布的《澳大利亚技能计划》（*skills for Australia*）中。在各方推动下，TAFE 职业教育取得了重大发展成果，一是作为一种职业教育模式突破了各州为战的局面，在澳大利亚 TAFE 指导委员会的努力下，1981 年 11 月在阿德莱德建立了 TAFE 研究中心，加强更大范围的研究与合作；二是更加紧密贴近市场，拓展培训职能，面向"培训市场"发展，向以"能力为基础的训练"转移，向"综合技能"推进。

（4）成熟发展时期（20 世纪 90 年代至 21 世纪）。在这个时期，职业教育已经发展得较为成熟，澳大利亚成立了国家培训署，负责职业教育的各项工作，协助政府进行管理。在 1995 年，澳大利亚资格框架、国家培训框架相继建立。到了 1998 年，澳大利亚认证框架建立，这标志着职业教育人才培养质量体系的初步认证，不仅指导着职业技术教育与培训机构的资格确认、注册，而且还与人才培养质量有关。TAFE 还作出要求，各行业必须将各自的职业技能标准进行整理，制定一个职业能力标准，然后将这些职业能力标准进行集成，最终形成一个培训包。各个 TAFE 学院要依据培训包的要求设置课程内容、课程目标、教学计划等等。1998 年，围绕之前的学徒制和受训生制，新学徒体系建立推广。随着政府教育机构、职业教育培训和 TAFE 管理机构的调整与合并，澳大利亚 TAFE 作为一种职业教育制度日益完备与成熟。

（5）国际化发展时期（21 世纪）。早在 1992 年，澳大利亚就开始提倡高等教育国际化，一方面引入留学生进入高等教育机构学习，另一方面与国际高等教育机构开展教育合作。伴随着信息化社会的发展与经济全球化的加快，技术交流频繁，澳大利亚 TAFE 职业教育模式也开始走向国际化，其经验也得到了国际认可。

（二）"一种教育体系"的人才培养模式理念

澳大利亚 TAFE 模式成为职业教育人才培养模式，首先是一种教育体系，一种由政府管理，企业深度参与，且纵横贯通的教育体系，终身教育理念成为澳大利亚教育体系的重要支柱。

政府体制的管理与支持。澳大利亚 TAFE 教育由地方政府，即州和地区政府来管理并提供服务，统称 TAFE 学院，自 2005 年以后，联邦政府、州政府与地方一级政府定期开展职业技术教育部会议并开展教育培训。澳大利亚 TAFE 模式在管理职能方面较为明确，其中，分别由不同的部门进行政策制度制定、具体工作等相关内容。最初的政策制定由联邦教育、科技与培训部负责，TAFE 学院教育的证书、文凭的相关标准都要由这三个单位来进行分析、研究，最终才能确定。这三个部门不仅负责 TAFE 学院的政策制定，还负责 TAFE 学院的宏观管理，管理 TAFE 学院教育的宏观工作，其中管理工作主要由国家培训总局负责。TAFE 学院的教学大纲以及课程设置内容，主要由联邦政府与州政府严格制定。另外，澳大利亚国家培训局还协助实施管理国家职业教育与培训相关专项基金。TAFE 成为一种教育体系，是澳大利亚国家战略的内容之一。对澳大利亚而言，不仅仅是一种教育事业，更是经济社会的产业支柱，政府从政策保障与经济保障方面予以充分的重视。在经费支持上，主要包括校园建设投入、学费资助、项目竞标投入、签订培训服务购买协议，解决办学资金与生源问题等。

教育立交桥的搭建。所谓"教育立交桥"，也就是不同教育之间的渠道，以前，不同类型教育之间的渠道并不互联，这给人们带来了极大的不方便。现如今，随着终身教育理念的提出，不同的教育之间开始建立通道，不同的教育之间也开始互相联系。澳大利亚开始将普通教育与职业教育联系起来，从而为 TAFE 教育模式打下了基础。澳大利亚开始建立起与异种工作岗位相对应的教育培训体系，为 TAFE 学院建设提供了良好的制度基础。同时深受企业参与职业教育培训影响，为了节省学习者的学习成本，澳大利亚在过去的 10 年中着力构建大学教育、TAFE 教育与中学教育之间的"立交桥"，做到各类证书、文凭、学位之间相互沟通衔接，接通了普职联通的轨道。职业教育与继续教育结合，实现了毕业生职前职后一体化，终身教育体系是澳大利亚 TAFE 模式在教育体系建设上的又一重要特征。

行业主导下的企业深度参与的过程。政府专门出资成立行业技能委员会，负责研究、制订技能标准，并让政府和学校保持与市场同步，有效解决了人才培养与社会需求脱节的问题，首先为行业、企业深度参与 TAFE 学院培养人才。2009年澳大利亚启动了由澳大利亚教育、就业与劳动关系部资助的一体化衔接与学分转换计划，开始推动 TAFE 教育模式由高职与普通教育二维衔接转向行业深度参与的三维模式。校企合作的深度与广度难以估量，主要包括以下几个方面：一是参与制定职业教育和培训的宏观决策，行业代表在 TAFE 学院最高决策机构董事会占有主导权，确保人才需求与行业紧密衔接。二是全过程参与 TAFE 办学，制定行业能力标准，行业被授权制定澳大利亚全国统一的资格框架、澳大利亚质量培训框架以及在资格框架下的培训包等。三是具体到学校教育教学层面，包括教学质量评估、教师选拔与课程建设等。四是支持办学投入，主要是实习实践基地的更新。

（三）"实用能力"取向人才培养目标

职业教育人才培养模式都提倡"能力本位"，对能力的本质属性的不同认知取向，构成了对人才培养质量规格的基本认识，进而培养出符合社会、经济发展需求的人才。澳大利亚 TAFE 人才培养模式坚持"实用主义"能力导向，对构建梯度型的人才培养目标体系，有着独特的借鉴意义。澳大利亚 TAFE 人才培养模式，并不只是对学生进行知识理论与实践能力的培养，更重要的是对学生综合素质的培养，只有内外兼修，融于一体的人才才是真正的人才，这是人才培养的目标。对于人才来说，综合素质基础架构职业能力十分重要。在澳大利亚职业教育人才培养模式中，人们十分重视内在能力与外在能力的兼具。其中，外在能力是指学生外在的技术操作能力与实践能力，而内在能力是指学生内在的心理发展水平。在职业的不同发展阶段，学生的心理水平是不同的，随着职业发展水平的提高，学生的心理素质也在不断增强，内心的职业心理、自主心理不断增强。随着对某个职业的了解越来越深入，学生的内在能力与外在能力始终是在不断提高的。与其他职业教育相比较，TAFE 职业教育更加注重对学生的职业道德与匠心的教育，并且促使学生终身学习。其中最重要的是"自信"和"包容"教育。自信主要体现学生的自我价值，让学生相信天生我材必有用。包容则体现待人接物的人际关系，尊重不同的文化和风俗。加强对学生职业能力和职业心理的锻炼，并注重职业心理的辅导，进而在学生深厚的心理能力基础上培养外在能力。

其次是职业能力与专业能力综合培养。澳大利亚 TAFE 培养模式坚持能力本位，始终把能力与兴趣、自我潜能紧密结合，为学生提供尽可能多种类、多层次的学习方式与学习内容，这是为了培养学生扎实的专业技能和动手操作能力，能被就业市场所接受。本着实用主义取向，重视自我潜能又不过于拘泥于理论，技能多于理论，注重专业职业训练，着重专业技能的实践。在职业（工作）能力上，加强对学生创业和项目估算能力、管理计算能力、观察能力、想象力、自主性、自信心的培养，同时还要关注学生的求知欲与职业兴趣，这是适应任何岗位必备的技能。在专业能力上，注重启发学生心智，通过对学生理论知识与实践能力的培养，使学生不断积累专业知识，锻炼专业能力，启发学生不断思考，锻炼学生的思维能力，有利于学生创新能力的发展。对于学生的职业资格能力，澳大利亚进行了研究分析，通过不断的研究分析，最终划分出一个职业资格框架（Australian Qualifications Framework，AQF）。在澳大利亚职业资格框架 AQF 中一共有 13 个等级资格，这 13 个等级资格中包含了专科、学士、硕士等文凭证书。在这些职业资格等级中，大学生们往往接受的是学位教育，TAFE 的学生接受的是职业技术教育与培训，根据学生专业能力的标准不同，学生们接受的教育类型也不同，并且，通过一级级地接受教育，学生们也能够获得不同阶段的证书。

（四）专业设置理念

根据当下的社会发展和行业需求，澳大利亚职业教育拥有 12 类 200 多个专业，基本覆盖全国各个领域所需的知识技能，包括园艺、建筑、应用科学、时装设计、酒店管理、海事工程等 1000 多门课程。TAFE 职业教育培养模式对 200 多个专业的设置有着多方面要求，在专业设置原则上尽可能考虑多方面要求。一是充分尊重行业企业的要求。政府引导行业在职业教育发展中发挥主导作用，赋予了这些行业相应的权力与职责，确保了人才培养模式与企业需求的相互联系。二是尊重区域经济发展的需求，通过深入调查研究，分析专业设置情况，结合所在地的支柱产业开设特色专业，增强课程内容的针对性和实用性。三是充分考虑学校专业设置能力以及学生的学习意愿。专业通过多方面的论证、审核而确定下来，既要考虑学校、师资、学生意愿等个体目标的需求，还要考虑行业企业、区域经济发展的社会目标，且在程序上切实保障多方利益，从而保障专业设置的现实性与可能性。

（五）"一贯性"的 TAFE 课程建设理念

澳大利亚 TAFE 课程模式倡导"能力本位"与"就业导向"，以培养实用型、技能型人才为根本，被公认为全球最成功的特色鲜明的教育体系之一，也对我国职业教育的发展起到重要的借鉴作用。它以行业标准为基本依据进行课程建设，讲究理论与实践相结合，对学生进行技能训练。这种 TAFE 的课程建设理念，展现出整体性、连接性、一贯性的特征。

"一以贯之"的课程设计理念贯穿始终。澳大利亚 TAFE 课程设计遵从职业资格框架—培训包—课程开发的基本流程，保障培养理念与能力标准贯穿始终。在 TAFE 课程建设理念之中，始终坚持的是实用主义的课程设计理念保障，通过对行业组织的调查研究与分析，进行需求预测，然后根据最终结果设计出一个职业能力标准，根据这个职业能力标准确定学生们的学习目标，然后制订人才培养计划与教学计划。在 TAFE 课程中教授的都是目前市场上比较急需的实用技术，设置比较科学，范围广泛，各个专业门类十分齐全。根据各个州的不同情况，

TAFE 机构与企业进行合作开发，在各个州内具有不同的课程开发传统，通过发挥政府的宏观调控以及市场行业的竞争作用，来促进各个州内 TAFE 课程理念的发展。在 TAFE 培训包中，主要包括国家认证部分与非国家认证两个部分。其中，国家认证部分是 TAFE 培训包的主体部分，在这个部分中又包括三部分，分别是能力标准、资格证书与评估指南。在非国家认证部分中，仍然由三部分组成，这三个部分分别是发展材料、评估材料和学习方法指导。

多样化的课程设计与安排紧密的教学计划。课程形式的安排首先取决于系统化的课程开发程序，基本程序如下。

（1）市场分析。市场是瞬息万变的，要想开发出一个适宜市场变化的课程，就必须对当前市场进行分析，知己知彼百战百胜。其中，市场分析包括竞争现状分析、需求分析等等。

（2）分析培训包。在培训包内有培训的能力标准、评估指南等内容，依据培训包内的这些内容来确定开发课程的目标，为课程开发确定一个前进的方向。

（3）选择能力单元的组合，并确保课程采用的标准与法规相符。

（4）选用和开发教学资源（教学标准、教材、主要参考资料及网络资源、学生学习指南等）。

（5）向维多利亚州注册与资格评审局申报注册并得到确认。选用教学资源完成课程的开发之后，还要申报、注册并确认，这样才是一个完整的课程开发程序。这种程式化的课程开发步骤条理清晰，清楚明了，为课程设计的模块化提供了可能。在 TAFE 课程中，一般情况下以模块化的课程结构为主，这样能够将基础知识与专业技能标准进行细化，便于教师对学生的培养，有利于培养目标的准确执行，而且，对于一些专业比较相近的课程，教师还可以进行灵活安排，培养出更多不同发展方向的人才。

在 TAFE 课程理念中，其课程考核评价体系是以能力为本位的，通过能力高低来对其进行考核判断。其中，在这种能力本位的考核评价体系中，课程评估体系由评估者、被评估者、学校、企业、标准等几个方面构成。这种能力本位的课程考核评价体系的评估程序：首先由被评估者接收到标准，然后依据这个标准进行学习培训并接受评估，然后评估者根据国家标准对被评估者进行课程评估，最后得出评估结果。关于考核内容，对学员学习能力和学习成绩的评价主要包括理论水平、实践能力和学习态度三部分，即评价学员所有与课程能力标准相对应的知识、实践技能和态度。在理论考核与实践考核上，坚持以实践考核为先，从课程制度上保障实践取向培养理念的实现。不同学生选择的学习目标与需求不同，考核方式也会不同，有的学生只是为了提高个人品位，有的学生是为了拿到学分、文凭等等。

（六）教学培育模式

在教学指导思想上，注重学生实践能力的培养，明晰教学目标。澳大利亚 TAFE 教学实施同样是根据培训包的内容而设计的，工作目标到教学目标再到学生学习目标，能力标准贯穿始终。各种形式的教学实施都会将学习目标明确给学生，学生可以在教学过程中培养合理的工作价值观，以便更好地适应工作。

学校要将人才培养方案进行细化，然后制订一个比较清晰的教学实施方案。教师在教学时，要灵活实施，调整其中不适宜的地方，针对不同专业、不同学生灵活地安排教学课程，尽可能多地让学生学习到知识。因此，教师要具有极强的教学组织能力，对于课程内容要十分熟悉，能够灵活变通。同时，教师还要大量练习课程教案模板，根据不同的课程内容进行教案的设计与书写。教师进行教案设计的内容有教学日期，教学的重难点，所需准备材料，课堂练习，小组合作，总结反馈，等等。教师教授学生知识，要尽量地吸引学生的兴趣，让学生能够带着兴趣去学，这样，学生不仅能够更加十分自觉地接受知识，而且还能够便于记忆，有利于之后的复习。在最后的总结反馈阶段，教师根据学生的操作情况给予适当的点评意见，能够使学生正视自己，反思当前的学习现状。

在教学形式上注重营造真实的工作场域。为了培养学生的实践能力，在教学形式上会尽可能营造真实的教学场域或者在工场中教学，这样，学生能够身临其境，感触也会更加深刻，便于学生的学习。在澳大利亚，TAFE 学院对学生进行培训时便会让学生在工作情境中学习，他们往往将课堂设计成工作现场的样子，将实验室设计成操作间的样子，学生在这种工作情境中学习，提前熟悉了工作环境，之后工作时不会由于环境陌生而发生失误，而且锻炼了学生的心理素质，避免紧张。目前，在澳大利亚的现代学徒制体系中主要包含两种基本类型，分别是学徒制和实习生制。其中，学徒制主要集中在传统行业之中；实习生制的范围更加广阔，主要集中在服务业。

注重教学资源开发。为了培养学生的自主学习能力，TAFE 教师会开发一些资源，主要目的是为学生提供多样化的学习资料，让学生能够更好地理解教学内容，拓宽视野，丰富知识。教师通过公告的职业教育网站收集各种教学相关信息与课程资料，整理教学资源；也可以通过互联网、电视台等搜索所需的教学资料，为学生提供多样化的学习资源。

（七）"全过程"的人才培养质量评价管理体系

TAFE 人才培养模式具有健全的人才培养质量评价管理体系。澳大利亚 TAFE 人才培养模式从培养目标到教学模式是一个灵活的职业教育模式，其质量保障来源于内外质量保障机制，层层评估。首先，最外部的评估机制是培训系统和培训组织、机构的注册和质量认证、培训质量的标准和评价。澳大利亚国家培训局的评估职责是健全国家人才培养质量评价管理体系、支持职业教育和培训制度质量制度的健全和落实。澳大利亚研究理事会的职责是支持培训机构开发的人才培养质量评价管理体系的建立和实施、支持培训机构和组织之间的协作，使客户受益并提高培训质量。RTO（Registered Training Organization，注册的培训机构）则按照人才培养质量评价管理体系建立和实施自己的质量体系，保证达到培训的质量要求。高等教育质量保证署负责对 TAFE 学院进行外部检查并公布检查结果。其次是行业深度参与教学质量评估。1992 年国家培训总局的建立就是为了确保职业教育、政府和行业之间的紧密联系，确保 TAFE 课程的设置能跟上行业发展的步伐。其后国家培训总局又建立了行业培训咨询机构和各州教育服务部，对 TAFE 的人才培养质量进行定期评估，确定课程既能满足行业的需要，又能符合学校教学的规律。最后是建立 TAFE 机构自身的质量评估机制，TAFE 非常重视自身的教学管理和质量控制，设有专门的质量委员会校内评估机构，建立了内部风险评价与改进机制。

系统化与贯通性的质量保障体系。澳大利亚 TAFE 机构的教育质量保障体系则是通过澳大利亚质量培训框架、全澳资质文凭框架和国家技能标准委员会 NSSC（National Skills Standards Council）颁布各专业各级文凭证书的培训包（Training Package）来实现的，以及通过学历证书的教学内容与相应的职业资格证书的培训内容相互融合、衔接来保障。全国统一的学历资格框架和职业资格证书制度中起关键作用的是全国统一的澳大利亚资格认证框架（National Training

Framework）和培训包。澳大利亚资格证书框架体系涵盖所有教育类型，由 12 个级别的资格证书组成，不同层级的资格证书标准与不同等级的职业岗位要求相对应，获得了某一专业某一层级的职业资格证书，就意味着能够胜任相应的职业岗位工作。而且通过两个证书衔接以及学分转移等制度搭建普通教育、职业教育与继续教育立交桥，实现普职融合以及终身教育理念的实现。

第二节　国内高职院校人才培养的发展

现今我国高职院校人才培养模式并没有形成系统化的模式。一方面借鉴国外高职人才培养模式，另一方面基于我国经济社会发展需求与职业教育发展实践探索，围绕高职体制、专业设置、职业教育方法、人才质量规格等人才培养模式各要素分别展开研究，探究适合我国高职院校人才培养模式。

一、高职院校人才培养模式的实践探索

我国高职院校人才培养模式目前没有系统化的、可操作的人才培养模式，但是实践探索始终围绕"产教融合、校企合作"而展开，借鉴国外职业教育人才培养模式，结合职业教育本土化需求探索出"订单式""2+1""工学交替""全方位合作""实训—科研—就业""双定生""工学结合""结合地方经济全面合作模式"，促进以企业为主的合作办学等理念在人才培养模式中的运用。我国高职院校人才培养模式从政策、理论与实践研究逻辑上看，目前影响比较大的是以下几种模式。

（一）"校企合作，工学结合"的人才培养模式

1. 基本发展概况

"校企合作，工学结合"的高职人才培养模式是我国职业教育改革中不断实践和探索的重要内容，经过长时期探索，形成了基本理论与实践结果，但是还并未形成系统化的、成熟的人才培养模式。

德国的"双元制"、英国 BTEC 模式、美国和加拿大的 CBE 模式、日本的"产学合作"模式、澳大利亚的 TAFE 模式等都有自身的特色，其中核心的理念就是产教融合、校企合作教育，为了进一步改革我国高职人才培养模式，学习发达国

家先进职业教育理念。我国引进了外国先进的职业教育的模式，形成了"2+1""订单式"等多种校企合作、工学结合的模式，不断进行理论与实践的分析探索，积累了比较丰富的经验[①]。但是实践经验如何通过理论总结上升为办学指导理念，如何在政策空间里寻求制度保障等问题始终存在。

在 2006 年，教育部颁布了《关于全面提高高等职业教育教学质量的若干意见》。根据这个意见，关于我国高等职业教育的人才培养模式，基本形成以下几种结论：一是认为应主要集中在办学思想、办学道路或方向上进行探讨；二是集中论述人才培养目标问题；三是指代总体性人才培养措施；四是主要论述人才培养模式的某些细致化的探讨，比如从课程上、教学上、专业设置上进行细致探讨；五是提及人才培养模式的综合概念，目前有一些专业化的高职教育人才培养模式，如"校企合作、产学结合""校企合作，工学结合"等等。

2. "校企合作"与"工学结合"的内涵与关系

所谓"校企合作"，就是指学校与企业相互合作，学校培养人才，学生在学校里进行理论知识学习，然后到企业中进行知识的实践操作，这种校企结合的模式，将校园与企业的资源充分结合起来，有利于学生的学习，文化氛围的共融。"工学结合"是指将理论与实践相结合、课堂与实习相结合，充分展现出教学的实践性与职业性。

首先，高职人才的培养模式是将"校企合作"与"工学结合"二者结合起来，培养出适应社会生产、建设、管理等需要的高职人才。与普通教育相比，职业教育中产业与专业、学校与企业的联系更加紧密。其次，要想实现工学结合，就必须要先进行校企合作，校企合作为工学结合提供了具体场所和物质保证。校企合作在人才培养、技术研发、生产经营、人员交流、资源共享、资金投入、信息互通等方面所结成的互利互惠、优势互补的联合协作，为工学结合在人才培养目标、专业布局、课程设计、教学组织、质量评估等多方面的发展提供制度基础。最后，将工学结合作为校企合作的核心，校企合作只是融合教育在职业教育领域的理论轮廓，而工学结合通过深入学校与企业两个场域将企业生产与学校技能人才培育推向实践。

---

① 冷士良，孙婷婷，王德堂. 对"联盟式"校企合作、工学结合人才培养模式的思考 [J]. 教育与职业，2010（23）：27-28.

3. "校企合作"与"工学结合"的核心内容

关于校企合作的形式，也就是学校和企业之间签订合作办学协议，双方明确各自的职责，了解各自的义务。高职采用的是三年学制，学生前两年在学校学习理论知识，最后一年到企业中实习，这就是"2+1"的人才培养模式。一般情况下，学生在校内学习理论课程，在企业中进行实践技能的学习，这样，理论与实践相结合，有助于培养人才，在职业教育中，这种教育模式应用十分广泛。

关于人才培养方案。从分析学生职业生涯入手，科学界定培养目标和培养方向，根据岗位能力的要求，明确核心课程，构建新的课程体系，根据高职教育规律特点和企业的要求，确定教学内容的课程标准，改革课程教学评价方式方法。关于人才培养目标，注重培养学生的综合素质，在坚持德、智、体、美、劳等全面发展的教育方针基础上，坚持能力本位、学生中心等基本理念，培养各个工作岗位，学生必备的知识、技能与态度等。

关于专业设置。校企（或学校与地方政府）双方通过商议，根据国家发展战略与区域经济发展需求，按照职业岗位（或岗位群）设置专业，按照实际需要，培养第一线的职业型、技能型人才。近年来提出学校专业链对应产业链思考专业设置问题，保障专业设置具有很强的岗位针对性，构建区域职业院校专业合理布局。

关于课程体系建构。基于职业教育校企合作与工学结合要求，让基础课、专业基础课、专业课从系统性过强的传统课程体系中走出来，构建以培养能力为主线的模块课程体系，需要突破两个方面的思维局限，一是职业教育以"专业"为核心建构教育活动，普通教育以"学科"为核心建立学术中心教育系统；二是突破我国大课程小教学的课程教学论理念，建立有职教特色的任务主题导向性课程体系。该课程体系模块既符合专业人才培养规格，又同时与职业资格考核认证内容和标准衔接。

关于技能实习实训。一是与企业合作建设校内实训基地，提供校内实训设施设备，聘请企业专业技术人员建立校内工作室；二是学生进入企业参与顶岗实习，尽管实习实训实施、监管机制等仍未建立起来，但是学校与企业始终在进一步探索，其中"2.5+0.5""2+1""1+1+1"就是实习实训学习制度的安排。不管时间如何安排，工学交替的核心理念始终存在，一是以校企合作为依托，搭建工学结合的平台，建立顶岗实习的长效机制，学生在进入企业以前在校学习理论和校内实训，然后到企业半工半读，学校理论学习和岗位综合能力交替训练甚至顶岗实习。

关于技能人才的考核。在职业教育学校，高职毕业生们除了要取得学历证书与毕业证书之外，还要取得与自己所学专业对应的职业资格证书，只有这样，高职毕业生们才能够算是顺利过关。随着时间的推移，我国职业技术教育的人才质量评估体系也在不断地变化之中，目前我国的职业教育人才质量评估体系是"核心素养+专业技能"的体系，将核心素养与专业技能相结合，共同来评估高职学生的职业能力。

关于学生就业实行定向培养。所谓定向培养，就是指学生在毕业之前通过签订合同已经明确了毕业单位，定向培养的学生要到地方政府或者企业就业，缩短了教育与就业之间的距离。

（二）"订单式"人才培养模式

我国现代化职业教育改革发展以来，就不断进行着校企联合办学的尝试，其中"订单式"人才培养模式也是在此基础上发展而来的。明确提出以"订单"培养作为职业教育的发展方向，并把这种模式确立为高职教育新的人才培养模式，即教育部基于新条件下的新发展观对高职教育办学目标和培养模式进行的新定位，并据此对高职教育的理念与行为提出了更新、更高的要求。在2004年，国家提出要深化高等职业教育的改革，其中，将"订单式"人才培养作为深化高等职业教育改革的具体措施。

1. "订单式"人才培养模式的内涵与特征

"订单式"人才培养模式是校企合作、工学结合的进一步实践，由企业提出人才培养的岗位要求，将企业培养需求与学校技能人才质量规格紧密结合，进而寻求校企合作的共同利益点，校企双方确定人才培养规模，共同研制"订单式"课程，共同承担实践教学任务，从根本上解决学生在校实习的职业针对性、技术应用性和就业问题。

"订单式"人才培养模式的内涵主要体现在各个要素的实践要求上。一是培养目标具有较强的职业针对性，企业通过对市场进行调研以及对自身企业的相关了解，与学校合作制订出符合自己需求的人才培养计划，这使得学生的培养目标十分具有针对性，企业提出人才需求的数量以及岗位所学的知识技能等质量规格，培养目标较少囿于专业分类中对岗位技能的忽视。二是专业设置紧密贴合职业需求，"订单"即"定岗"，专业依岗设置，经济社会领域中什么岗位人才紧缺，就设置什么专业，增强了学习对产业变化的敏感性，可以灵活调整。三是教学内容主题化，订单式人才培养对企业提出的人才培养规格是依据岗位而设定的，而技能训练则必须通过主题任务连接，培养岗位复合技能。四是指在实施过程中，人才培养模式展现出约束性的特征。学校与企业进行合作，双方之间签订协议，明确各自的义务与职责，这展现出了约束性特征，另外，这个特征也规范了校企双方的行为，保证了目标的实现。

2. "订单式"培养类型

"订单式"人才培养模式，是一种比较特殊的人才培养模式，它是在校企合作、工学结合的基础上实行的。"订单式"人才培养模式的类型主要有紧密型、直接型、间接型和"2+1"型，下面分别对这几类模式进行简要叙述。

紧密型订单式人才培养模式。在这种人才培养模式下，学校与企业之间的合作比较深入，人才培养方案由学校和企业一同制订。学生在学校进行学习，企业还会派遣技术人员到学校进行讲演，传授技能。学校可以到企业进行实习，不仅能够锻炼学生的实际操作技能，还能够使学生较早地熟悉工作环境，减少了刚入职之后的不适感。这种办学模式的针对性比较强，学生在学校完成学业之后，直接到企业上班，目的明确，避免了人才培养的盲目性。

直接型订单式人才培养模式，又叫作定向委托培养人才模式。企业根据该行业的发展趋势和岗位需求，直接到学校进行选拔面试，确定订单培养班的人选。在这种人才培养模式中，人才培养方案和教学计划由学校制订，因此，学校占据主体地位。与紧密型订单式人才培养模式相比，这种人才培养模式中企业参与的力度不深入。

间接型订单式人才培养模式。在这种人才培养模式中，企业并不是直接与学校进行联系，而是由人才中心充当中间人，企业依据自身的用人需求提出所需的人才的规格与数量，然后将这些信息告知人才中心。人才中心与学校联系，提供这些信息，学校根据这些要求与校内的实际情况来制订人才培养方案与教学计划。

由于企业与学校之间并不直接进行沟通，这种间接型的沟通使得人才培养的规模与时间具有不确定性。

"2+1"订单式人才培养模式，主要体现在学生学习制度设计上。毕业前一年，企业就进入学校与学生签订就业意向，可对意向学生进行单独组班，进行教育教学活动。学生分别接受1年以学校为主的基础教育、1年校企合作的专业培养和1年企业实习。学生进校第一年的教学主体是学校，学生按照专业教学计划认真扎实地学好专业基础知识。

3. "订单式"培养操作流程

"订单式"人才培养模式，无论合作办学深度、校企主体性、合作方式等存在多大差异，都有基本的操作流程，保障校企育人的共同实现，从校企合作协议到人才培养质量评估都有具体规范。

（1）校企双方签订"用人订单"。双方签订"用人订单"，这样，双方就达成了一个约定，明确了双方应尽的职责与义务，学校要培养学生成才，待学生学成之后，企业要录用学校的合格人才切实地形成一种法定的委托培养关系。除此之外，"订单生"还需要与学校签订协议，明确定向培养的关系。

（2）校企双方共同制订人才培养计划。学校根据高等职业技术教育人才培养规格及教育教学规律，企业要根据当地的经济社会发展以及市场变化，同时还要考虑学生的需求，结合实际，共同制订一个三方人才培养计划，作为三年的教育教学任务。

（3）利用校企双方教育资源，共同培养人才。企业可以提供技术人员、技术设备与工作实习环境，学校可以为学生提供教学设备、教学资源、教师队伍等等，学校通过整合校企的资源，对学生进行人才培养。

（4）针对岗位要求进行实践能力培养。主要依靠校内实习、校中厂、校外实习实训基地以及校企双方双指导教师制度等保障。

（5）校企双方共同实施质量评价。人才培养的质量评价问题，要由学校与企业共同判定，双方要共同制定一个人才培养的质量标准，根据这个质量标准来评价学生的学习情况，判断学生是否达到企业的要求。

（6）企业按照协议约定安排学生就业。根据最初的协议，学生被分配到校企合作单位就业，落实学生就业问题。

（7）建立良性的反馈机制。"订单式"人才培养模式一般都是建立长效联合机制，在人才培养过程中，需要不断总结成功的经验与失败的教训，发现问题，找出答案，对于不适宜的培养方案与教学方案要及时调整反馈，不断改进。

（三）"现代学徒制"人才培养模式

"现代学徒制"是与传统学徒制相对应且从其发展而来的人才培养模式，我国现代学徒制人才培养模式的发展基础既有我国传统学徒制的实践积淀，也有对国外学徒制的借鉴，我国现代学徒制的发展与我国市场经济环境以及职业教育校企合作制度有着深刻的渊源。

1. 基本发展概况

产教融合校企合作的积淀、职业教育学校的积极实践、经济运行模式市场化机制的成熟以及市场协调制度的日益完善为我国实施现代化学徒制创设了重要的发展环境。我国职业教育现代学徒制人才培养模式是国家职业教育政策深化产教融合、校企合作的推动结果，是加快发展现代职业教育体系的重要组成部分。

在国家政策统筹以及地方制度安排下，省市及学校开始积极试点现代学徒制，确定了一批实践基地与试点学校探索实践经验。2019年现代学徒制进入到改革深水区，教育部再次颁发《关于全面推进现代学徒制工作的通知》，这表明目前国家对此十分重视，在这个通知中，政府总结了现代学徒制的相关经验教训，引导我国高职院校全面推广现代学徒制，依照我国的相关特色与国情，实践符合中国特色的现代学徒制。

2. 内涵与实践特征

从手工业社会到现代化机器生产，生产力与生产方式变革，为进一步提升劳动技能人才的整体素质、与学校合作的现代学徒制应运而生。现代学徒制人才培养模式是校企共同育人，对学生（学徒）采用双场所、双导师、工学交替的培养方式。学生（学徒）定期往返学校、企业，进行不同知识和技能的学习。学生在学校通过班级授课制的形式接受基础理论知识和专业理论知识的学习，在企业由企业师傅指导接受专业技能、岗位技能等的学习，根据技能的性质、难度差异，采用现场的小组教学或个别化教学。现代学徒制人才培养模式是"产教融合、校企合作"的进一步实践，是学习模式在时间与空间上的安排。

一是招生即招工。校企共同制订和实施招生招工方案，二者同步进行。也就是说，当学生入学时，就要和企业签订协议，学成之后成为企业的员工。这样，学生就有了双重身份，有利于明确学生的职责与权益。

二是贯通性的一体双标准建设。学生在学习过程中，既要受到教学标准的要求，又要受到职业标准的规范。校企共同制定相关标准，实施一体化标准建设。2019年将"1+X"证书制度与开展现代学徒制的专业优先推进，完善评价制度。

三是双向培育指导。现代学徒制选拔职业院校教师与企业专业技术人员，经过选拔、培养、考核、激励建立起双导师制度，校企分别设立兼职教师岗位和学徒指导岗位，加强对学生的双向指导。

四是共建共享教学资源。校企双方充分利用生产性实习实训基地、技能大师工作室、产业园区等作为教学资源库建设平台，建设实习实训场所、购买实习设备与教材等，形成共建共享的教学资源体系。

五是双重管理机制建设。校企共同分担人才培养成本，完善教学运行与质量监控体系，贯穿人才培养全过程，对学生的学分、学制、学籍、安全以及实习实训档案制定管理制度，保障学生的学习权利以及人身安全。在现代学徒制实践探索过程中，学校还将企业6S管理模式引入其中，以便学生的学习更贴近就业环境。

3. 现代学徒制的发展趋势与路径完善

现代学徒制试点理念与经验借鉴是非常清晰的，但是具体实践方式取决于地方制度设计与学校的实践探索程度，现代学徒制是未来我国职业教育校企合作育人模式的重要内容，是一个不断完善的高职人才培养模式。

我国高职院校现代学徒制已经经过三轮试点，正处在全面推广阶段。实践探索过程中，基于职业教育地域性特征，因地制宜地选择优先试点专业、合作企业，以及签订合作协议。政、校、企三个合作主体不断磨合，通过协议明确权责，纵向保障管理、育人与评价机制畅通。合作主体主要有校企、政校企、校行企、政校行企这四种模式；合作途径主要为学校主动、企业主动、校企原有合作基础、职教集团主导或者政府主导五种方式。工学交替主要有按学年分别展开理论与实践训练的"分段式"人才培养模式，遵循认岗—跟岗—顶岗人才成长规律的"渐进式"人才培养模式。依据日、周、月交替进行工作场所和课堂知识学习的"理实一体化"人才培养模式。在教学资源开发方面主要有学校主导行企参与、学校牵头行企制订、校企联合制定与学校独立开发这四种模式。专任教师的培养路径大致可分为校企互派双向进修，校企合作开展横向科研课题研究，参与省、国级相关专业培训及出国考察学习四种途径。招生模式有先招工再招生、先招生再招工及同步进行三种模式。

实践过程中仍然存在部分问题。校企参与合作动力不足，且政府协调职责缺乏制度规范，试点效果参差不齐。合作范围窄，无论是企业还是学校都面临发展空间的限制。标准建设缺乏，目前专业教学标准、课程标准、教学标准与评估标准仍然是学校主体，职业教育与职业培训融合深度不够，澳大利亚 TAFE 模式通过建立专业标准资格框架与培训包统筹标准建设，统一的标准也是我国现代学徒制人才培养模式亟须的内容。未来亟须政府、行业深入参与校企合作下的现代学徒制，从宏观制度设计到校企层面微观制度安排还需细化。构建融会贯通的标准体系，让学校企业共同参与标准研制，让现代学徒制评估与认证有法可依。

二、高职院校人才培养模式的影响因素分析

我国高职人才培养模式改革，"产教融合、校企合作、工学结合"的方向与前景非常明确，但是政策保障、理论指导与实践探索仍存在诸多问题，办学理念、办学资源、教师队伍与评估机制等存在的问题仍然是制约我国高等职业教育改革的主要因素。从结果上表现出高职院校办学定位不明确，自身特色和优势彰显不充分，一定程度上表现出泛职业化的现象，固有的体制机制改革难以突破。

高职院校的办学理念是其改革顶层设计的重要组成部分，是影响高职人才培养模式改革的根本性因素。高等职业院校的办学必须紧跟经济社会发展需要，建立专业与产业的良性互动机制，以就业为导向，大力推进工学结合、校企合作，为生产、建设、管理、服务一线培养高素质技术技能型人才。我国高职人才培养模式的办学理念难以突破普通教育办学体制等的束缚，从而制约着校企合作培养改革。

"职业性"特色化体现不足，主要是在人才培养目标上，"综合素养＋专业能力"是各国职业教育人才培养目标的基本要求，如何在培养高职人才通识素养基础上发展专业能力，以及程度的把握是我国高职人才培养目标始终存在的问题。

人才培养目标的飘忽不定，造成职业教育特色难以体现，实习实训目标监管机制不善。或者走向另一个极端，偏重科学知识和实用技能的传授，忽视人文精神的培育。缺乏"实质性"市场理念。一是完全忽视市场的存在，缺乏与市场联系的平台；二是形式上与市场保持联系，缺乏深度合作；三是与市场合作仍然囿于普通高等教育传统，无法根据区域经济、产业聚集情况、市场变化灵活组织教学。社会服务理念不清晰。服务社会是高等教育的职能之一，职业教育与区域经济社会关系更加紧密。专业设置上与地方经济关系不紧密，实习地点的选择偏向大城市、大企业，合作单位偏重于发达地区，而忘记了学校所在地的经济发展与社会服务。

我国高职人才培养模式尽管在制度设计上非常完善，但是制度本身的接受性不高，职业化特色不明显，单向度办学理念，市场理念不足，基于短期利益盲目追逐服务社会的因素影响，整个外部环境缺乏渗透人才培养模式的动力。外部动力薄弱，难以传导高职内部改革，专业设置与产业发展不紧密，人才培养目标缺乏市场企业深度参与，课程教学囿于学科设计，评价机制趋于形式化等问题也难以在短期内取得改革成效。

办学资源是基本办学保障，高职人才培养模式首先以职业教育资源为基础，才能实现资源配置的进一步组合。受到传统教育观念、社会经济发展状况以及社会体制等的影响，高等职业教育的发展面临严重的"瓶颈"问题，大量的教学资源利用不足。办学机制缺乏创新机制，已有教学资源配置不均衡，导致结构性资源匮乏。

（1）财力资源配置不足问题。高等职业教育在于培养技术技能型人才，对于实习基地建设、实习实训设备、教学硬件资源要求更高。但是各级部门对高等职业教育的投入极少，投入渠道也不稳定，总体上远远落后于高等职业教育的发展规模。经费的严重缺失，使得我国高等职业教育很难真正实现规模、质量、结构、效益的协调发展，也使得我国所建构的高等职业教育体系面临极大挑战，争取办学经费是许多高等职业院校困扰的问题。财政经费的配置在区域、校际上的差异又加大了办学差距，城市与农村，东部、中部和西部，以及沿海和内地都存在着高等职业教育分布不均的情况，不但影响高等职业教育的长期均衡发展，还会导致地区经济差距进一步拉大。

（2）物质资源配置不足问题。具体包括校园面积小，缺少教学设施、实验设备、实训基地、图书与信息资源、办公与生活设施，校园环境较差等。许多的高职院校都自成一套封闭的系统，高职院校的平均规模偏小，大量的教学资源没充分利用。教室、实验室（特别是专业实验室）、大型设备、图书资料利用率普遍较低，且配置不均衡，导致许多优质教学资源未能充分发挥价值，而对于基本物质资源要求更高，造成资源供给失衡。

高职院校办学资源短缺是多方面因素引起的。国家对高等职业教育的投资缺乏法律与政策保障、高等职业教育投资主体单一、高等职业院校办学体制不完善、地区经济发展不均衡与职业教育观念落后、人力资源管理体制不完善，反过来，资源配置问题也加剧了这些问题的扩大。

第三节　高职人才培养模式的特征与发展趋势分析

一、高职人才培养模式的特征

在高职教育中，培养人才主要有六个基本特征，第一，与高等教育人才培养的任务略有不同，高职教育人才培养的根本任务就是培养高等技术应用型人才；第二，高职教育要培养能够适应社会的，具备技术应用能力的人才，要以这二者分别为目标和主线设置人才培养方案，培养学生的理论、应用等多方面的能力素质；第三，高职教育要培养应用型人才，就要以"应用"为主旨设置课程，以"应用"为主旨构建教学内容体系，满足培养技术应用型人才的需求；第四，高职教育要培养技术应用型人才，就必须提高学生的技术应用能力，这就需要对学生展开实践教学，并且，在理论与实践教学中，实践教学应该占据较大比重；第五，在高职教育中，教师队伍建设是关键，要稳定教学质量，提高教学水平，就要建立"双师型"教师队伍；第六，在高职人才培养过程中，要了解社会用人单位，根据其需求培养对应人才，将学校与用人部门相结合，将理论与实践相结合，不断培养人才。

随着高职教育的发展，高职教育人才培养模式的特征也在发生演变与进化。除上述六个基本特征以外，高职教育人才培养模式还具有以下特征：一是教育范畴的高等性，高职教育既属于职业教育范畴，又属于高等教育范畴，高职教育人才培养模式的"高"主要体现在高层次的定位、高效率的管理、高水平的师资、高质量的教学、高精尖的设备、高质量的就业等方面。二是参与主体的多样性，由于高职教育的社会性和职业性，高职院校人才培养要充分发挥政府、企业、行业及其他经济实体的作用，使其参与到人才培养过程中来，实现投资主体多元化和管理主体多元化。三是培养目标的针对性，高职教育主要是培养生产、建设、服务、管理第一线的高端技能型专门人才，培养产业转型升级和企业技术创新所需要的发展型、复合型和创新型技术技能人才。四是专业设置的区域性，高职教育是服务区域经济的，故其专业设置必须适应高职院校所在地区社会产业结构发展的需要，同时又要依靠区域优势来打造品牌专业。五是教学内容的实践性，高职教育针对某一职业岗位技术群的需求来设置教学内容，以胜任工作岗位所需要的基础理论知识与专业技术技能来组织教学，具有较强的实践性。六是师资团队的"双师性"，高职教育的人才培养，关键在师资，向学生传授专业知识必然决定高职教师的"专业性"，培养技术技能人才的人才培养目标又决定了高职教师的"实操性"，因此高职教育的师资必须具备扎实的专业知识和娴熟的实践能力，既能胜任理论教学，又能指导学生实践，"双师"特征明显。

二、高职人才培养模式的发展趋势

目前，随着时间的推移，社会的发展，对于高职教育人才培养模式的研究也在不断地深入，要想培养出符合现代社会要求的人才，就需要对高职人才培养模式进行创新改革，对高职教学内容体系进行不断改进更新。目前，高职人才培养模式的发展趋势主要有以下三个特点，下面对其进行展开分析。

（1）倡导体系的开放性。在高职人才培养模式中，其最终目标与任务是培养能够适应社会的高技术应用型人才，人才要与社会需要相适应。而社会是始终不断变化的，高职人才培养是以市场为导向的，在市场的不断变化之中，高职人才培养模式也要保持开放的、包容的姿态，倡导体系的开放性，面对市场始终保持自己的敏感度，巡视己身，开放并包，正视自己的缺点，改进自己的不足，在创造中不断发展，最终达到稳定与变革的统一。

要使得高职人才培养体系具有开放性，这不仅仅需要学校来完成，还需要社会、家庭以及学生本人的共同参与。在教学计划制订方面，要以就业为导向，由政府部门领导、学校专业教师带头人以及社会职业人员共同参与，这样才能展现出以就业为导向的基本宗旨；在教学内容方面，也要体现出开放性，要使得教学内容更加贴近工作实际，锻炼学生的实践能力，促进教学内容体系优化；在教学手段方面，要将理论与实践相结合，采用多种教学方式，促进学生自主学习、开放学习，发挥学生的主体作用，增加双方的互动交流。

总而言之，在高职人才培养模式发展过程中，倡导体系的开放性，这是一个必然的发展趋势。开放式的人才培养模式，使得学校更加开放，加强了与社会生活的密切联系，有利于学生认识社会，接触社会，在社会中不断参与社会实践，有助于培养学生的创新能力。

（2）重视形式的多元性。在高校人才培养模式中，对学生的培养要注重形式的多元性，要切合当今社会发展的需求，不仅要对学生进行知识与能力的培养，还要提高学生的素质，对学生进行人格教育以及其他非专业能力的相关意识培养。首先要将这部分内容具体化，细化为可以施行的具体措施，然后将这些措施应用到教学之中，培养学生的素质。

当今社会，对于高职人才的需求越来越趋于多样化，高职人才不仅要满足企业的需求，还要满足行业的需求，家庭的需求。高职教育在对学生进行培养时，还要考虑到学生的需求，既要为学生将来的就业做准备，还要为学生将来的继续学习做准备，要不断向着多元化、复合式的方向发展前进。

（3）强调结构的合理性。在高职人才培养模式发展过程中，随着对其研究的不断深入，要不断修正更新结构，使其保持结构的合理性。在高职人才培养模式中，高职人才应该要比中等职业技术人才拥有更扎实的理论知识，更强的专业技术能力，高职人才要着眼于当下自身的技术与能力，不断提升自己。

如今，高等职业技术教育人才强调的能力越来越多，学生们不仅要具备岗位要求的能力，还要具备一系列非专业的能力，这就需要学生们在适应社会发展过程中，不断锻炼自己的能力。在高等职业技术教育培养模式中，需要强调结构的合理性，从职业道德教育、职业文化教育、技术文化教育等多个方面进行。

在高等职业技术教育人才培养模式的发展过程中，需要由学校和企事业单位共同参与，这样，才能更好地实现体系的开放性、形式的多元性和结构的合理性，才能更好地更新人才培养模式的内容，使其满足学校与企事业单位的共同需求，向企事业单位源源不断地输送人才。

随着研究的不断深入，职业教育不断实现以就业为导向、以产教结合为途径的改革目标。在发展过程中，高职教育人才培养模式不断创新机制，改进内容，始终在探索更加灵活多样的办学模式。

第四章 高职教育人才培养模式探索

本章主要叙述了高职教育人才培养模式探索，共分为四节，分别为"类型教育"视角下人才培养新探索、"创新创业＋"人才培养模式体系构建、"实境耦合"人才培养模式探索、"校企共育能力递增"人才培养模式探索。

第一节 "类型教育"视角下人才培养新探索

一、类型教育视域下职业教育人才贯通培养的原则

（一）坚持培养目标的层次性

普通教育与职业教育的培养目标是不同的。普通教育培养的是学术型人才，而职业教育培养的是应用型人才。根据社会经济系统中从事劳动实践的过程与目标的不同，人才主要可以分为两类，这两类分别是学术型人才和应用型人才。其中，学术型人才是指能够发现和研究客观规律的人才；而应用型人才是指能够运用客观规律的人才。应用型人才又可以被分为三类，分别是技能型人才、技术型人才和工程型人才。在普通教育中，培养的学术型人才应该是具有扎实的理论文化知识，具备科研能力和良好综合素质的人；在职业教育中，培养的应用型人才应该是具备较高的综合职业素养与职业实践能力的人。职业教育，是一种类型教育，职业教育培养的人才的主要类型是技术型人才和技能型人才，从类型教育的视角来看，首先要明确职业教育人才培养的目标与方向，然后根据人才培养的需要来组织教学工作。

（二）坚持能力培养的贯通性

在类型教育视角下，要实施职业教育人才贯通培养，就必须坚持能力培养的

贯通性。在普通教育中，学生接受的是知识型教育，学校培养的是学术型人才；在职业教育中，学生接受的是实用型教育，学校培养的是实用型人才。在职业教育中，要以能力为本位，实施能力本位教育，不断培养学生的职业能力。在现代职业教育中，要坚持能力培养的贯通性，不断发展职业教育人才能力的普适性与可迁移性，促进人的全面发展。在职业教育中，还要突出职业教育的特色，培养职业教育学生的综合素质，使其适应现代社会的要求。

职业教育，以能力为本位，坚持对学生能力培养的贯通性，这是职业教育人才培养的一个基本原则。要坚持能力培养的贯通性，就需要了解它的内涵，关于它的内涵，主要有两个方面：第一，注重能力培养的进阶性，在培养学生时，要遵循职业能力形成规律，还要遵循技术技能人才成长规律，分阶段对学生进行培养，由浅入深，由易到难，循序渐进；第二，注重能力培养的全面性，如今社会对高职学生的要求越来越高，高职学生不仅要拥有专业知识与实践操作能力，还要具备自主学习能力、计划能力、团队协作能力等，因此，在对学生进行专业能力培养的同时，还要注重对学生的综合素质的培养，从而实现全面发展，达到职业能力的横向贯通。

（三）坚持职业素养的一致性

与普通教育不同，职业教育是直接面向社会生产与服务的，职业教育的目标就是培养能够适应社会的应用型人才。职业教育的发展与经济社会发展联系十分紧密，这也使得职业教育的人才培养具有比较明显的跨界特征，这种特征主要表现在两个方面：第一，职业教育的人才培养目标是培养能够适应社会的应用型人才，这要求学生既要掌握基本的专业知识理论，又能够迅速适应工作环境，满足工作所需的各种技能；第二，职业教育的模式是产教融合的模式，横跨了教育与产业两大领域，这也表现出职业教育人才培养的跨界特征。

职业教育的另一个重要特征就是跨界融合。在职业教育人才培养过程中，职业素养必不可少。职业素养，是指在社会生产活动中需要遵循的行为规范，可以从广义和狭义两个方面来对它进行解释。从狭义上说，职业素养指学生为了适应工作岗位而应该具备的素质，用于评价毕业生的能力，其中，主要包括三项核心要素，分别是职业精神、职业能力和职业行为习惯。从广义上来说，职业素养是指在生产活动中职业者的行为总和，在生产活动中，一切职业行为都可以看作是职业素养的外化。在对高职学生进行人才培养时，要注意对学生的职业素养教育，培养学生的职业精神、职业能力和职业行为习惯，通过长期的熏陶，使学生能够将这些职业素养教育内化于心，在日常学习、工作中自觉践行。

（四）坚持培养模式的整体性

职业教育是类型教育，与其他普通教育相比，最根本的特征就是职业教育的主要内容是技术知识。高职学生接收的技术知识主要可以从宏观和微观两方面来进行解释。从宏观上来看，主要由学校与企业掌握技术知识；从微观上来看，由学校的专业教师与企业的技术人员掌握技术知识。而且，尽管学校专业教师与企业技术人员均掌握相关技术知识，但是二者所掌握的技术知识的类型是不同的，学校教师掌握的技术知识更偏理论性，而企业技术人员应用技术来完成工作，其掌握的技术知识更偏实践性。在职业院校中，尽管目前推行"双师型"的教师队伍，但是在技术实践方面，学校专业教师仍然不及企业技术人员经验丰富。

职业教育的特点是技术知识跨领域、跨人群分布，基于这个特点，职业教育人才培养的主要模式是产教融合、"双元"育人，这不仅展现出职业教育人才培养的必然要求，也展现出职业教育的特色。要强化职业教育人才的贯通培养，就需要采用校企结合的"双元"模式来开展教育活动，坚持培养模式的整体性。

二、类型教育视域下职业教育人才贯通培养的路径

在类型教育视域下，要找到职业教育人才贯通培养的路径，就需要整体规划好人才培养的目标与教学标准，这也是职业教育人才培养的指导与依据。

首先，要整体设计高职人才培养目标，确立好培养目标，才能确立人才培养的方向。要确立好培养目标，就需要组建人才贯通培养指导委员会，然后由它来负责高职人才的培养目标与教学标准的制定工作。当人才贯通培养指导委员会进行人才培养目标设计时，必须考虑到学生的生理与心理特点，从学生现有的认知水平出发，以在某专业领域内高素质人才应当具备的综合职业素养与能力作为最终的人才培养目标，要符合学生的知识能力水平，循序渐进，分解现有知识能力水平与最终培养目标，逐个、逐层进行分级确定细化，从而构建起一个递进式的人才培养目标体系。

其次，要对高职院校的教学标准进行整体规划，确立一个统一的教学标准。要建立一个统一的教学标准，就需要确定好建设主体。人才贯通培养指导委员会须邀请行业的骨干教师与专家共同组建一个小组，共同完成教学标准的组建工作，这为教学标准的组建提供了组织保障。在组建教学标准之前，还需要做好准备工作，通过多种方式方法如阅读、走访、实地考察等等，来对行业进行深入的调研，最终形成一份专业的调研报告，为之后教学标准的规划提供依据。另外，还要对专业岗位的工作任务与技能做一个具体分析，通过分析高职院校的物质、学术条件来确定人才贯通培养的教学标准。最后，还要综合行业调研以及岗位分析的结果，来对教学标准进行优化，从而确定最终的教学标准，并建立一个教学质量评估指标体系。

在高职院校中，还要对评价模式进行整体规划，基于职业教育的就业导向，构建一个三维综合评价模式，从多个方面对学生进行客观、公正、全面的评价。这个三维综合评价模式，就是"学业作品评价＋学习表现评价＋顶岗实习评价"。

第二节 "创新创业＋"人才培养模式体系构建

一、"创新创业＋"人才培养模式课程体系构建

"创新创业＋"人才培养模式的重要核心组成是课程体系，这也是"创新创业＋"人才教育的中心环节，课程体系也是观念转换的桥梁和纽带。为了更加有效地实现"创新创业＋"的预期目标，最大限度发挥创新创业教育的整体功能和作用，需要对"创新创业＋"课程体系进行合理优化。在当前的创新创业教育上，我国的高职院校与日本、美国、英国等高职院校存在差距，主要体现在学科课程、课程教学领域。为了更好地对创新创业课程进行研究，首先需要研究课程、体系、课程分类、课程体系、课程流派等问题。

对国内外的先进理念和观点、模式进行研究，我们可以从中学到很多，不管是教学目标、教学内容，还是编排理念、实施的手段等方面都可以帮助我国的创新创业教育课程体系得到完善和发展。为了更好地促进毕业生就业，高等教育需要培养学生的创业技能和创业精神，培养学生的主动精神，在之后的发展中，毕

业生不仅仅是求职者，也应该是工作岗位的提供者、创造者。

（一）课程及课程分类

1. 课程

课程一词源于"教护课程，必君子监之，乃得依法制也。"[①] 这里的"课程"仅仅包含了教学时间、教学范围和工作进程等意义。

对于课程的认识，不同的人有不同的看法，有的人认为课程主要指的是按照一定教育目的，由学校构建起来的各学科和教育教学活动的系统。有的人认为，学生在学校的指导下所获得的经验是课程；课程是学校为学生提供的一种教学内容等综合性的、科学的总计划；课程是一种可以对学习结果进行预测的结构化序列；课程是师生共同参与的文化创造与文化发展的过程，是探究活动中精神、经验、能力、意义、观念的生成过程等。

在西方国家，"课程"为 Curriculum，这个词来自拉丁语"跑道"（Cursumrace Course），后来被用于教育领域，成为教育领域的术语，意思是求学者的学习路线，这个意思与"对学科内容的学习进程"有着异曲同工之妙。对于课程的定义较早和较为系统地进行研究的学者是美国人奥利弗（Albert I. Oliver），奥利弗对"课程"从广义到狭义列出了七种较为典型的解释。在此之后，一些专家认为，课程与教育的其他方面相比，更加神秘，比如与教学、管理、督导等行动定向了的术语相比来说，更隐秘，这些专家对课程定义进行了总结，归纳出了 13 种具有典型代表的课程解释。"课程"在美国的新教育百科全书中的词条为"在学校的教师指导下出现的学习者学习活动的总体"[②]。比彻姆是美国的著名课程论专家，他根据自身的学校教育实践，根据西方尤其是美国教育实践，提出了三种课程的基本用法：第一，课程是一种实践性的现象，在这种用法中，人们提到的一般指的是"课"，即一门课程。因为不管与课程有关的各种含义如何，理论工作者一定要谈到一门课程。第二，课程就是课程系统。在课程系统中主要包含以下部分：课程的制定、课程的落实、课程的评价以及人的组织等，还包括依照经验对课程

---

① 杜成宪.中国传统课程特点刍议 [J].河北师范大学学报（教育科学版），2015，17（1）：20-27.

② 孙元清，徐淀芳，张福生，等.上海课程改革 25 年：1988—2013[M].上海：上海教育出版社，2016.

进行修订的组织程序。第三，将课程看成专业学科领域的同义词，主要强调课程作为学科的一个总的领域。

要使课程的研究百花齐放就需要根据实际的情况解决实际的问题，真正理解和运用"课程"这个概念。从狭义上来讲，课程指的是一门学科，也可以是一门学科的分支；从广义上讲，课程指的是所有学科的总和。尽管课程有着非常复杂的运用以及繁杂的定义，但就本质来说，课程是为了保证学生可以在学校这个教育教学环境中获得全面发展的教育性经验，是学校为了实现教育目标的主要途径和手段。

课程是经过科学、特殊选择的并且进行组织化的社会共同经验。如果我们从文化学的视角来看课程，那么课程就是过去、现在、改造后的文化的融合体，从这个角度来说，课程的本质不仅仅具有传授性、继承性，还具有改革性、发展性、批判性。课程的最终目的是使受教育者有健全的精神、健康的体魄、完整的人格，可以拥有完美的人生，满足个体的全面发展的要求，同时满足社会对人才的需求。与普通初等、中等学校的课程不同，高等学校的课程具有目标上的专业性、具有探索性的课程内容，具有主体性的课程实施等特点。这些都是在对课程概念进行界定时需要考虑的问题和内容。

根据课程的相关定义、高等教育的特点以及本书的需要，我们为它作一个广义的界定：高等学校课程就是高等学校按照一定的教育目的所建构的某一门学习科目及其教育、教学活动系统或教学的共同体。这一定义借鉴了王伟廉教授对"课程"的界定，即课程是指学校按照一定的教育目的所建构的各学科和各种教育、教学活动的系统。

由以上课程定义我们可以明确，高等学校课程具有目的性，以教育目的为依托进行构建，是一种学习科目、教育教学活动，所服务的对象是特定的。高等学校具有培养人才的功能，是师生共同作用的系统。在这个定义中，突破了传统的以课堂、教材、教师为中心的局限，打破了学校教育活动单一的、唯理性的教学模式，将课程的视域拓宽，这也为课程理论的发展以及课程实践的发展打开了新局面，让课程包含了更加广泛的、丰富的内容。

2.课程的各种类型

课程可以划分不同的类型：

（1）从课程的制定主体角度来说，可以划分为三种——国家课程、地方课程和校本课程。

（2）从传授内容角度来说，课程可以划分为以下几种——理论型课程和技能型课程、学科课程和活动课程、单一课程和综合课程、基础课程和专业课程、学科课程和活动课程。

（3）从层次构成角度来说，课程可以划分为专业基础课程、公共基础课程、专业课程；或者横向课程和纵向课程。

（4）从修习的要求角度来说，课程可以分为必修课程、限选课程、任修课程。

（5）从规模角度来说，课程可以划分为大、中、小、微型课程。

（6）从作用角度来说，课程可以分为传习性（接受性）课程和发展性（拓展性）课程：能力课程、知识课程、素质课程等。

（7）从课程是否有明确的计划和目的角度来说，课程可以分为两种——显性课程和隐性课程（潜在课程）。

综上所述，课程的分类非常多，让人目不暇接。对课程进行不同的分类，主要是让我们可以从不同的视角认识、了解、研究课程，研究课程在不同情况下的不同作用。冯建军将课程分为知识课程、情意课程、活动课程和自我发展课程四大类，对我们进一步研究课程有较大的帮助。我们将课程分为通识教育课程和专业教育课程两大类。所谓的通识教育课程主要是大学生在校学习期间以及为未来发展打下基础的课程；从功能的角度来说，通识类的课程强调对人类文化财富的传承，主要包含两种课程——知识课程和部分显性的情意课程。所谓的专业课程主要指的是建立在通识教育课程基础上的，为了大学生获得更高发展的课程；从功能的角度来说，专业课程主要强调的是进步、成长、超越人类已有文化，主要包含两个部分——情意课程和活动课程。

（二）体系与课程体系的含义

体系是指"若干有关事物互相联系互相制约而构成的一个整体"[1]。上述所讲的体系包含以下几个方面的含义：（1）体系是由若干个事物构成的，不可能是由单个事物构成；（2）组成体系的若干事物是相互联系和相互制约的，这种联系与

---

[1]　雷云. 谈谈"理论体系"[J]. 中国特色社会主义研究，2010（3）：99-102.

制约存在一定的方式;(3)体系最基本的特性是整体性,这些事物构成了整体的体系。"system"是体系的英文单词,还具有"系统""体制"的含义。从实质上来说,体系是作为系统存在的,具有系统的整体性。

正如"课程"定义的纷繁复杂一样,不同学者从各自的角度及不同的层次出发,对"课程体系"的阐释也众说纷纭。

在顾明远的观点中,课程结构有广义和狭义之分。课程结构从广义上来看,主要指的是学校课程中各组成部分的排列、组织、配合的形式。广义上的课程结构主要指的是根据培养目标来开设哪些课程以及课程的安排情况,需要对内容、类型、形态不一的课程进行整体的优化,教学计划是其具体的体现。狭义上的课程结构指的是在一门课程中,各个组成部分的排列、组织、配合的形式,重点在于每门课程的教学内容、教学目标、教学组织、教学评价等问题,教材,尤其是教科书、教学大纲是其具体体现。在施良方的观点中,课程结构主要指的是课程的各个组成部分的相互配合与组织,也就是说对课程的各个部分进行有机结合的探索。在廖哲勋的观点中,他认为课程结构主要指的是内部的各个要素、各个部分、各个成分之间的符合科学规律的一种组织形式。课程结构的基础是课程要素与成分,主要可以分为表层结构和深层结构两个部分。首先,所谓的课程表层结构主要指的是一定的学段课程规划的总体结构,整体是由很多的学科和活动项目组合而成。所谓的深层结构主要指的是某个学段的教材结构,具体包括教材内部的各个要素、各个教材、各个成分组合之间的协调与整合。

要对课程结构这个概念进行正确理解,需要对结构进行深入地理解和认识。一般来说,机构主要指的是事物"各个部分的配合、组织"。最开始,结构是系统科学的专业术语,主要指的是组成一个系统的各要素之间的相互稳定的联系,是系统内部各要素之间的排列组合的方式。具体来说,结构包含以下含义:一是各个要素之间联系的方式和作用的方式;二是各个要素的比例关系和要素发展变化的规律和条件。结构从本质上来说,可以分为两类:一是自然结构即自在结构,二是设计结构即人为结构;按照结构所揭示的事物的内在联系深浅来看,可以划分为两种:一是形式结构,二是实质结构。

一般来说,研究者对课程结构的研究是站在自己的立场上进行讨论的,主要研究课程结构和课程组织,课程机构和课程体系会出现混用的情况。本书将课程机构做了如下的定义：在一定的课程价值观的引导下，学校的课程体系中的各个要素之间的组织和排列的配比关系。课程结构是一种人为的结构，并非自然的结构，是在课程实践中，人们占主导地位的价值观念的具体体现，课程结构是课程体系的主体部分。如果我们对课程体系进行考察可以看到，课程体系的含义包含狭义和广义两个角度。从狭义上来看，课程体系指的是课程结构，是各类课程之间的配合与组织。比如，《课程体系与人才培养比较》是赫冀成等主编的书籍，在该书中，课程体系又被称为课程结构，是所有课程之间的配合与分工，同时这也是教学计划的核心。从广义上来讲，课程体系是在一定的教育价值理念指导之下，对各个构成要素之间的排列组合，在动态的过程之中，使各个课程的要素向课程体系目标靠近的系统。

一般来说，课程体系主要包含三个层次：首先，宏观的专业设置，这就涉及高等教育的专业和学科设置；其次，中观的课程体系，这个涉及专业内的课程体系；最后，微观的教材体系，主要是专业内部具体的课程的教学内容。本书主要研究的是课程体系的中观层面。为了达到培养目标，高等学校对学生学习的所有内容进行设计和指导。课程体系包含课程，主体部分是围绕培养方式设计的学校教育教学系统。在西方国家中，并没有"课程体系"这个词汇，只有"program"与"课程体系"较为接近。在西方国家中，"program"主要指的是具有一定逻辑关系的、一个系列的课程组合，这与我国的课程体系和培养计划相似。在美国，通过主修不同的课程来进行专门化的教育。专门化的教育的组织方式所体现出的教育指导思想与我国有很大的区别。从形式的角度来看，不管是专业还是主修，都是从不同的课程组织中体现出来的。由此可知，课程体系就是"不同的课程组织"，这是培养人才的主要途径和方式。我们如果将高等学校看作系统，学校的课程体系就是在学校教育系统之下的一个二级体系，《中共中央国务院关于深化教育改革全面推进素质教育的决定》中提到的社会实践活动、课外活动以及校园文化活动都包含在课程体系之中，这些活动都是为了实现一定的教育目的。

鉴于此，课程体系的含义与课程结构的广义较为接近。从广义上来讲，课程结构指的是以培养目标为依据，对课程进行设置，以及如何设置课程，保证形式、形态的课程在相互结合中达到整体最优。这需要制订专业的计划，即我们探讨的课程体系。高等教育培养人才的重要载体之一就是高等学校的课程体系，课程体系中包含了每一个层面的性质，将课程的目标、计划、学习、知识、评价等各个要素融合为一个整体。课程体系有服务社会的功能、有传授文化的功能、有培养个性的功能、有发展智力的功能，这些功能进行了有机地整合。在这个课程体系的界定中，对课程的定义所框定的内容进行了融合，如课程即经验、课程即学科知识、课程即社会改造、社会即计划，为培养专门的高素质人才服务。

课程系统是一个组合系统，具有特定的结构，具有特定的功能，具有开放性的能力、知识和经验。课程体系需要将内部的各个要素连接成一个有机的整体，比如，包含专业基础课、专业技能课、专业技术课、专业理论课、专业应用课等在内的各类课程；课程体系还需要体现人才培养的目标和规格，需要与社会经济的发展相适应，需要对科学技术的趋势和现状进行反映，同时需要与学制和学时相符合。要素与系统相对，要素是系统的重要组成部分。在一个完整的系统中不仅具有目标，还具有过程和内容。因此，就学习的课程体系来说，主要包含三个要素：一是目标要素，二是内容要素，三是过程要素。

就目标要素来说，高等学校的课程体系主要指的是贯穿课程体系的总目标、结构目标、课程目标等。课程体系的目标要素为一个有机系统，总纲为课程体系，总目标也可以是人才培养目标。

课程体系的目标要素包含课程的结构目标、各课程的分目标（课程目标），这些构成了其内在和谐的有机整体。首先，课程的结构目标，主要指的是课程体系中课程组织状态的目标，是一种过渡性的目标，不同的结构状态可以出现不同的结构目标。课程的结构目标主要是由课程体系总目标向课程目标进行过渡。课程编制的准则就是课程目标，课程目标指导者教学是教育教学的准则。从本质上来说，课程体系总目标与课程目标是相通的，是一脉相承的，比如，两个目标都要实现全面发展的教育要求。但是这二者也存在很大的差别，比如，在可操作性、概括性、使用功能、可检测性等方面有所区别。第一，在概括性方面，课程体系总目标高于课程目标。课程体系总目标一旦制定，就需要保证和要求某类学校的二级学科的各个课程以及各种教育活动都要服从于这个目标，在该类的二级学科的培养目标之内包含课程目标。第二，课程目标更加具有可操作性，更加具体。它要求目标体现二级学科的特点和优势，展现学科的个性。具体课程编制的指导目标是课程目标，课程目标也是课程编制的起点和终点。课程目标具有可操作性，具有可检测性，具有可能性，并且，课程目标对于课程结构、课程内容、课程实施和课程的评价都具有非常重要的指导意义和实践意义。第三，从使用功能角度来说，课程体系总目标是某一个学科或者某一个专业进行人才培养的蓝图和标准，课程体系目标会在人才培养规格、人才培养方向、人才适应岗位等方面提出具体的要求，并且要呈现出其所具有的整合性、阶段性、逻辑性、序列性的特点。对于课程工作者来说，课程目标非常明确，主要关注教师的教和学生的学，对学生的特点、学科的内容以及社会的需求给予关注，具有很强的规定性和方向性。课程目标、课程结构目标是课程体系目标的总和。

内容要素，也叫作课程要素、结构要素，从静态来看主要指的是课程体系的组成因素、课程的组织形式、课程的联系方式。结构要素主要包含通识教育（普通教育）课程要素、专业教育（专长教育）课程要素以及相互关系和组织方式，这两大要素中包含：专业课程、基础课程、跨学科课程；必修课程与选修课程；理论课程与实践课程；显性课程与隐性课程；大、中、小、微型课程等。它们之间的关系和比例可以从不同的角度对课程体系的轮廓进行反映，这成为研究课程体系的重要线索之一。结构要素是具有深远影响的内容，并不是对具体的事实进行反映。现代化的课程体系必须具有丰富的科学知识，具有合理的课程配比，具有非常恰当的结构，这不仅是形式性的，而且还是实质性的；不仅具有特定的内容，还具有历史性。

由此，作为课程体系，应该从整体上、宏观上对课程体系的内部要素以及各要素之间的相互关系进行动态把握，对课程体系构建的基本理论和运行的规律进行探索和研究。

课程的学习过程就是一个人的成长过程，也同时是一个增长经历和阅历的过程。课程对于学生来说就是一个参与文化活动的过程，课程的本质具有经验性，这就强调了学生的课程参与性，保证学生是课程的主人，占主导地位，学生不再是之前课程的追随者。对于个人来说，教育可以引领个体去感悟生活。因此，在课程体系中需要对学生的求知欲、对学生的探索欲、对学生的判断力以及对于复杂问题的处理能力和控制能力进行开发。

课程体系并非一个没有内容只有形式的外壳，课程体系是一个具有思想内容和结构形式的"文化场域"。

培养未来人才，高等学校课程体系是重要的发展性系统。教育的力量是从整体体现出来的，课程体系不是两个互不联系的独立部分拼凑在一起的，课程体系是可以对未来人才发展的方向进行指明，有着特定功能的系统。教育是为未来培养人才，是为了适合社会的发展，为社会培养高级人才，因此，高等学校的课程体系会影响学生的知识结构，左右着学生职业适应能力的发展，同时还会对社会创造力产生影响，课程体系是立足于人才角度，对社会进行改造，超越自我的重要方式和途径，是改造社会的发展蓝图。这个设计蓝图并不是之前已经设计好和预定好的"专业框架"，需要立足于社会的发展，根据学校的实际情况，学生的性格特点、兴趣爱好对自己未来的前途和理想进行规划，是"以实际选修课程的主干性结构体现其专业和就业方向"的运筹。根据学生身心发展的要求，高等学校的课程体系非常强调学生的学习内容和学生的体验，非常强调对于人才的培养，课程体系的根本规定之一就是人是创造的主体。在课程体系中强调和整合"人的培养"这个理念，发挥人的创造性，只有这样才能促进人的全面可持续的发展。鉴于此，高等学校的课程体系是面向未来的，是不断发展的动态过程模式。

在当前，社会是一个人人都能接受教育的社会，每个人可以享受到自己所需要的、适合自己的教育。因此，高等学校的课程体系成为人才培养的总体蓝图，为学生的个人发展指明了方向。

（三）课程体系及课程论流派

课程体系是教学内容和课程进程的总和，主要指的是按照门类顺序排列同一个专业的不同课程门类，学生在经过学习之后可以收获什么样的知识结构，主要是由课程门类的排列顺序决定的。课程体系指导着育人活动，可以将培养目标进行具体化和细化，规定着培养目标的实施和策划方案。课程目标、课程结构、课程内容、特定的课程观、课程活动方式组成了课程体系。在以上这些内容中，课程观起着主导作用。

在一定的教育价值观念的引导之下，形成了课程体系，将各个要素进行排列组合，保证课程的要素在动态过程中统一指向和实现课程目标即可。实现人才培养目标的重要载体就是课程体系，这是提高教育质量，保证教育水平的关键。课程体系是一个或者一类专业所设置课程相互间的分工和配合，课程体系也是教学计划的核心。

课程体系的合理与科学程度决定着人才培养质量的高低。课程原理指导着课程体系，关于课程论有一些较为典型的代表性流派：学科为中心的课程论、以经验为中心的课程论、以知识结构为中心的课程论和人文主义课程论。长期以来，以学科为中心的课程论一直在我国的高职院校中处于主流地位，以学科为中心的课程论主张将各门课程包含的结论、事实、法则等配置在一定的程序和系统中。主要以学科知识的固有体系来对课程进行编排。以经验为中心的课程论，主要是以学生的学习经验和与学习有关的社会生活过程为基础开展组织课程，非常注重"从做中学"，对于课程的编排主要是通过生活经验的发展顺序来进行，非常强调和侧重学生自身的经验积累，不会过分强调知识的传授。以知识结构为中心的课程论，非常强调学生的智慧发展与学科的基本结构相结合，主要采用学生可以理解的方式对课程进行编排。人文主义课程论强调对人的尊严和潜能的维护和发展，强调培养学生的人文素养。我国的高等教育改革应该积极转变教育观念，对教育体制进行改革是重要的保障。教育改革的核心放在教学内容和课程体系改革中，重要的前提是经费的投入。在高等教育改革的关键时期，课程体系成为当前教育改革的重要方向。

（四）创新创业教育课程体系的特殊性

创新创业教育课程体系是创新创业教育的形式，创新创业教育课程体系也是创新创业教育在学校的重要平台和支撑。在我国，尚未有学校设置独立的创新创业教育课程体系，在高职院校中，创新创业教育基本上都是建立在原有的专业教育基础之上。高职院校中的隐性课程和显性课程成为创新创业教育体系形成的重要依托。在我国，创新创业课程体系以单独的"创业学"学科为中心很难生存和发展下去，不符合当前我国的教育实际。但是，单纯的以经验为中心对课程体系进行编排会出现学生忽视知识的逻辑顺序的情况，导致学生只能学习到较为零散的、不系统的知识和经验；如果以知识结构为中心来对课程体系进行编排，非常容易出现一些强调理论，忽视社会实践的问题和现象，这对于创新创业教育发展和落实创新创业实践活动非常不利，不利于经验的积累。

（五）创新创业教育课程体系的课程论选择

创新创业课程体系在进行设置的时候，依据理论不一定非得选择单一的一种课程论。在美国，蒂蒙斯创业教育的课程体系设置就选择了多种课程论——以经验中心课程论为主导，同时学科中心课程论和人文主义课程论为辅。对三种课程论进行了整合，非常具有借鉴性。我国可以借鉴这样的成功经验，立足于我国的国情，将我国的高职院校的创新创业教育课程体系设置为以学科为中心的课程体系为支撑，以人文主义课程论为重要基础，同时采用以经验为中心的课程论进行指导的综合性的课程体系。

首先，我国的高职院校中有着非常丰富的人文主义课程，如果对其进行改造可以凸显出创业教育的重要性，满足创业教育的需求，这样就不需要在学科课程体系之外重建，可以在学科专业课程中渗透创业教育思想，可以对现有的课堂资源进行利用，保证教育的过程具有简约化的特点。其次，在当前，学科中心论一直影响着我国高职院校的学生，因此，具有自然和自觉编排创业课程体系的重要先决条件，基于此，我们可以在文科类的专业中渗透"智力创新"思想，在理科类专业中渗透"技术创业"思想。在我国的高职院校中，创新创业型的教师非常少，这就导致创新创业教育的实践性课程的开展非常困难，以经验中心的课程也需要进一步的发展和进步。

（六）创新创业教育课程体系涵盖的内容及其模块选择

1.创业教育课程体系应涵盖的内容

创业是具有创新创业意识、有敏锐的市场嗅觉、出色的创业技能和资源的主体对创业机会的发现和捕捉，基于此创造出满足社会需求和社会发展的产品和服务，是创造社会价值的一个过程。对于创业者来说，基本的素质只有三个方面：一是创业精神，二是创业心理品质，三是创业知识与技能。因此，高职院校的创业教育的课程体系中需要包含以上三个方面的内容。

第一，创业精神。创业精神指的是在创业实践活动中，可以对创业者起到推动作用的意识倾向。创业精神包含创业的理想、创业需要、兴趣爱好、创业动机、创业信念和世界观等心理成分。具体表现为：（1）自立自强、独立自主的精神，相信自己的命运掌握在自己的手里，可以在经过努力奋斗之后实现自己的理想；（2）艰苦奋斗的精神，面对困难和挫折，永不放弃，敢于挑战，埋头苦干，勤俭节约，有求真务实的精神；（3）开拓创新、开拓进取的精神，敢于创新，敢于推陈出新，在时代中不断进步与发展，不断开创全新的局面。

第二，创业心理品质。创业的心理品质主要包含强烈的创业欲望，强烈的自立需要，同时兼具合作性和独立性、适应性与坚韧性、敢为性与克制性。

第三，创业知识与技能。我们以烹饪专业为例，创业的知识和技能包含以下几个方面：餐饮行业的经营管理的相关内容和技能（识别和评估市场机会、获取市场资源、制订创业计划、组织管理等）、烹调的专业知识与技能等。

立足于本国的教育实践，借鉴国外优秀的创业教育经验，对我国创业教育在课程设置的内容方面提出四个方面的要求：一是创业意识，主要包括形成和培养创业需求、信念、兴趣、动机、理想、世界观，一方面需要培养学生的创业自我意识，另一方面也需要让学生的创业社会意识得到培养；二是创业知识，创业知识主要包含经营管理知识、专业职业知识、综合性知识，通过教育教学活动传授这些知识，在传授知识的同时还要让学生学会学习，让学生在学习中主动学习，树立起终身学习的理念，能灵活运用知识，不断开阔视野；三是创业能力，创业能力主要指的是经营能力、专业职业能力、社交和管理技能、独立工作能力等综合能力；四是创业心理品质，创业的心理品质主要包含培养学生的独立性、克制性、敢为性、适应性、坚韧性、缜密性、合作性、外向性等。

2. 我国现有创业教育课程体系的构成

我国高职院校进行的创业教育与一般学科知识的传授不同，它面向所有学科，所有专业的学生，这是素质拓展的重要组成部分，同时创业教育也是就业工作的重要部分。对于学生来说，创业教育不是通过单独的学科或者专业形式对学生开展理论教学和实践教学，高职院校的创业教育主要是通过隐性课程和显性课程渗透创业理念，在此基础上进行技能的传播和教学。高职院校显性的创业教育课程主要是通过直接和明显的方式所呈现给学生的课程，主要是通过课堂的教学和实践的教学对创业知识进行讲授，以此来培养学生的创业兴趣。学生通过学习创业基础的理论知识、进行创业实践活动来提升自身的创业技能。高职院校隐性的创业教育课程主要指的是通过间接的、内隐的方式对学生的身心发展产生影响的课程，在潜移默化中影响学生的创新创业能力和思想，提高学生的创业精神的课程。具体的课程包含可以对创业意识进行强化的活动课程、可以转化为创业资源的专业课程、可以对创业文化氛围进行营造的环境课程。隐性课程和显性课程在不断交叉融合中才能够保证高职院校培养出具有创新精神、创新思维，拥有创新能力的人才。

（七）我国创业教育课程体系现存的主要问题

在当前，我国的创业教育课程体系还存在很大的问题，具体表现在以下几个方面。

第一，隐性课程非常多、显性课程较少。现阶段，我国的创新创业课程一般处于摸索的阶段，只有少部分的高职院校开设了显性课程，如"创业管理""创业学"等课程，创业的学科建设还处于起步阶段。相比较而言，美国已经建立起完善的学科内容，其中涉及的方面非常多，有管理学、会计学、金融学等，也有很多的典型课程，比如，创业营销、风险投资、机会识别、商业计划书撰写、创业启动、创业研究、创新评价等课程。

第二，隐性课程之间、显性课程与隐性课程之间的联结不明显。学科课程体系之下，学科中心论、基础论是课程开发所依据的理论。在当前的课程体系之下，心理学等基础课、法律基础、思想政治课程、营销学、管理学、专业课所组成的隐性课程主要是传播各自的理论和概念，课程中须传授的创业精神并没有列入专业的教学计划和教学大纲的要求中，教师引导学生进行相关理论知识的学习，这是一种自发的状态；对于显性的、已经开设的"创业学"等课程，应该与其他缺少创业教育的课程进行分工和合作，在学校整体的育人体系中融入创业教育。

第三，以理论灌输、讲授为主，实践演练的机会非常少。在传统学科的教育框架之下，非常缺乏具有创新精神的教师，对于创业实践也没有必要的资金支持。与此同时，我国的创业教育非常重视对于知识的传授，忽视了创业技能的培养。虽然有的高职院校设置了例如"创业学"等显性课程，但是还是侧重于理念的传输，在课程设计、课程内容以及教学方式等方面还是侧重于理论知识的传授，这就导致出现了"在黑板上生产、书本里经营、课程中交往"的现象，让培养学生的创业能力成为一纸空谈。

（八）分层组织创业课程体系，实施四阶梯实践课程

1.第一层——面向全体学生的普及性创业教育

在当前，高职创新创业教育中面临隐性课程之间、显性课程与隐性课程之间的联结不明显的问题，面临隐性课程过多、显性课程不足的问题，这些问题的解决可以通过强化制度建设、增加显性课程来进行改善，以此来实现提升全体学生创业基本素养的培养普及任务。

（1）通过制度化建设在隐性课程中落实创业教育理念。随着社会变革的不断深化，对创业人才也有了新的需求，这就需要在国家层面和制度层面上对人才培养进行引导和规范，应该在高职院校的发展战略中作出制度化的引导。应该在制度和政策层面上明确指出人才培养的目标中有创业人才培养的要求，同时，也应该在专业的教学计划中体现出包含创业教育的课程体系，应该将创业教育的有关内容和设计体现在隐性课程大纲之中，加强与显性课程之间的连接。在文化课程中、专业课程中以及教学中都应该融入创新创业教育的精神，在专业知识的教学中融入创业的知识，培养学生的创业思维和心理品质，培养学生的创业意识和能力。

（2）增加与创业教育有关的显性课程，如管理学、经济学、法学等，通过这种方法来增加创业教育中显性课程的数量，弥补显性课程不足的现状，以此为基础使学生的创业意识得到培养。

2. 第二层——面向少数学生的进阶性创业教育

普及性创业教育的侧重点在于培养学生的意识，培养学生的品质，与其相比，面对"宣传风险意识、促进风险控制技能提高的较少""理论灌输为主，实践演练较少"的局面，进阶性的创业教育的侧重点在于创业的实践和创业的体验。可以通过以下四个阶段来进一步将进阶性创业教育落到实处，即第一阶段——"案例教学"，第二阶段——"模拟创业"，第三阶段——"草根创业"和第四阶段——"精品创业"，以此来实现"工作岗位的创造者"这个创业教育目标。

第一，案例教学。所谓的案例教学，就是在整个教育教学过程中将经典的案例引入教学中，在对案例进行分析的过程中，掌握与创业有关的理论知识，并且提炼出来进行掌握，并且通过案例明确如何将理论与实践相结合的一种教育教学方式。在创业教育中分析创业案例，一方面可以帮助学生更加直接地理解创业教育的理论，另一方面可以从侧面提高学生的学习兴趣，提高学生的积极性和参与意识。当然，这种方式也能提升学生理论联系实际的能力，提高学生分析、解决问题的能力。通过讨论和分析成功的案例和失败的案例，可以让学生在经验中学习和提高自身的创业能力和知识水平，将经验升华为理论知识，这是高职院校进行创业教育必不可少的一个方式，也是进阶性创业教育中的首要阶段。

第二，模拟创业。所谓的模拟创业主要指的是模仿创业，也可以是尝试创业中的学习、体验和参与的整个过程。学生在模拟创业的过程中可以体会到创业活动初期的辛苦，在经过不断的探索和摸索之后，找到适合自己的创业目标和创业的方向，这可以为之后的创业实践打下坚实的基础，也具备了一定的创业能力和水平。通常来说，模拟创业主要包含两个形式——"创业计划竞赛"活动、沙盘模拟。模拟创业处于进阶性创业教育的第二个阶段，在这个阶段学生可以初步体会到创业的感受。

首先，开展"创业计划竞赛"活动。参赛者自由组合，形成5～6个人的竞赛小组，各个竞赛小组就是模拟公司，在经过社会调查和研究之后选择合适的创业项目，在经过多方面的分析和研究之后形成创业思维，提出具有市场前景和市场潜力的产品或者服务。学生需要围绕这个产品或者服务，完成和撰写科学的、具体的、完善的商业计划，主要目的在于获得"风险投资家的投资"，商业计划中需要包含公司的基本介绍，包含产品和服务的基本介绍，包含市场分析和市场营销的策略，同时也需要包含公司的人力资源结构和组织架构，包含财务管理和分析等。除此之外，还需要提出公司未来的发展蓝图和前景展望，对于资源、人才的需求等内容。学生可以针对产品和服务书写计划书，最后进行课堂汇总报告。在撰写创业计划书的过程中，学生不仅需要对创业计划书所涉及的各个方面的知识进行学习还需要对现实中的企业和行业进行实地调研，在整个完成任务的过程中，需要进行团队合作与分工，在实践中获得感性的认识和实践的经验。创业教育课程体系中的内容之一就是企业计划书，这也是创业课程综合学习的考核依据。

其次，沙盘推演也被称为沙盘模拟。主要是引领学生进入一个模拟的、具有竞争性的行业，让学生组成若干个相互竞争的模拟公司，围绕沙盘教具进行实战演练，模拟现实中企业的经营管理和市场竞争。在这个过程中，学生需要从事3到4期的经营性的活动，让学生在成败之间不断提高自身的管理能力和战略能力，对经营决策的真谛进行感悟。在沙盘模拟训练中，每个团队的成员可以代表不同的管理角色，例如CEO、销售经理、财务总监、采购经理、生产经理等，学生们可以模拟实际的生产经营状况，对企业的整体发展进行研究，参与企业的生产、

设计、营销、团队合作、财务管理、绩效考核等多方面的经营和决策，面对企业
中经常出现的问题，各个成员必须合作，对机遇进行把握，对问题进行分析，制
定出正确的决策并且实施。他们的决策或许是成功的，或许是失败的，学生在成
功与失败之间掌握经营管理的技巧，在实践中感知经营决策的真谛，明确正确的
经营思路，得到正确的管理理念。沙盘模拟是可以让学生在错误中认识错误，改
正错误，不断提高自己，同时还能不使现实中的公司遭受损失的理想的课程。通
过沙盘模拟的实际演练，可以让学生实际感知到企业正常运行的竞争态势，有危
机感，将理论知识与实践相结合，为之后的创业实践提供指导和打下坚实的基础。

最后，草根创业。所谓的草根创业主要指的是一种学生通过提供劳务经营自
我，以此来对财务状况进行改善的创业活动，主要的形式有以下几种：（1）开发
专利技术。（2）家教服务。（3）提供技术服务。（4）个体工商户形态的创业活动，
如摆摊、设铺等。（5）从事以体力劳动为主的劳务服务。草根创业具有非常多的
优点，比如，成本低、风险小、易实践，并且实现了真正意义上的创业，即创造
工作岗位。

进阶性创业教育的第三个阶梯之所以是草根创业，原因有以下几个方面。

首先，在当前的国情下，学生的家庭收入普遍不高，对于普通学生来说，融
资办企业是非常困难的事情。提供劳务进行创业成为更加普遍的一种学生创业形
式，这比"创办企业"更符合学生的需求，这也成为开展创新创业教育的重要途
径和方式。

其次，对于一些管理经验较少，没有充足资金的学生来说，为社会和他人
提供服务，可以在实践中锻炼自身的能力，养成艰苦创业的精神，养成吃苦耐劳
的优良品质，同时还能学会自立自强。在这个过程中学生还能不断培养自身适应
社会发展的能力，增加创业的体验，熟悉社会环境和行业，学会在社会上生存和
发展。

再次，学生学习了很多的创业案例，书写了很多的创业计划书，在沙盘模拟
中有着不错的成绩，那么这意味着学生可以开公司或者办工厂了吗？答案肯定是
否定的。学生要取得创业的成功还需要立足于自身现有的资源，利用有限的资源，
通过服务输出、技能输出等形式进行经营，做好成本收支控制。学生创业可以通
过草根的服务行业入手，通过经营小商铺和摊位来实现创业，这是一种非常稳妥

的创业途径，也是一种非常容易操作和实现的创业途径和方式。

最后，精品创业。学生创业的高级形式就是创办企业，这也是进阶性创业教育的第四个阶段。对于一般的学生来说，创办以学生为主体的公司进行生产经营活动是不容易的，不仅需要具有独到的创业眼光，还需要创业的胆魄，创业的能力和水平，也同样需要创业的条件，只有具备这些才能通往成功。立足于创业教育的进阶性的目标，学校应该选择具有广阔发展前景、具有优势产业、具有专业支撑、有着优秀创业团队的创业项目，通过设立创业风险投资基金，为学生提供创业咨询服务，为学生设立创业孵化器等来帮助学生实现真正意义上的创业。

创新创业教育所设置的课程之间是相互配合且分工合作的，这构成了创新创业教育的体系。课程体系的合理与否直接与人才培养的质量挂钩。高等学校的创业教育课程体系主要反映在理论课与实践课、基础课与专业课、选修课与必修课之间的比例关系上。学生的创业教育课程体系的建设和完善是对我国高等教育方式和教育方法的改革与深化。学生的创业教育课程体系主要包含三个部分：一是创业教育的培养目标，二是课程内容，三是创业教育的方式和方法。

（1）学生创业教育课程的授课形式。以学生创业教育的培养目标为依据，开设创业教育课程，借鉴学校的授课经验，在我国，主要是授课形式的创业教育课程形式：一是公共选修课和必修课，二是独立授课和融入其他专业授课，三是针对性授课（针对商业、经济、管理类的学生开设专业选修课和专业必修课）。

首先，公共选修课和必修课。对于创新创业教育课程的学习，学生可以获得相应的学分。面向普通的学生开设创新创业教育的课程，主要目的和意义是培养学生的创业精神、创业思维，提高创业能力，以此来提升未来创业者的品质和能力。教育部在 2009 年 2 月 20 日《中国教育报》上登载信息，为了加大对学生的就业指导力度，出台了相关的学生就业文件，让就业指导课程成为当前高职院校的必修课程，该课程不能低于 38 学时。以此从政策层面上保证了高职院校的创业教育。

其次，独立授课和融入其他专业授课。对于创业教育来说，其并非一个独立的教育体系，这个教育体系是对传统的专业性教育、守成性教育、适应性教育的延伸和改造提升，创新教育体系也是对基础教育、职业教育和继续教育的整合，也是对能力教育、知识教育、情感教育的整合，在其他专业教育中可以融入创业教育，可以根据专业的特点进行有针对性的创业教育活动。

最后，针对性授课：对于经济专业的学生、管理专业的学生、商业专业的学生开设专业选修课和专业必修课，以本专业的特点为依托，让学生在创业教育中对创业的流程和企业的运营有一个基本的了解，在专业课程体系中不断增设相关具有专业特色的创业教育课程。

（2）学生创业教育课程设置目标。20世纪90年代，美国巴布森学院就开创了世界上公认的创业教育模式，不再使用传统的职能管理模式，取而代之的是创业过程模式，创业教育教学的中心是案例教学和经营计划，并且邀请一些企业家进入课堂进行教学。美国最早开设创业教育课程的高校就是百森商学院，百森商学院的教育理念就是学术创业教育，与社会上解决生存问题的就业培训是完全不同的，也并不是为了向企业提供人力资源和人力储备。学术的创业教育主要是为未来的人才设定"创业遗传代码"，以造就最具革命性的创业一代作为其基本价值取向。

我国高职院校的创业教育项目是KAB（Know About Business，了解企业）创业教育（中国）项目，是由共青团中央、联合国国际劳工组织、全国青联共同开发的。2005年，KAB创业教育（中国）项目在中国正式启动，并且获准可以改编教材，这就是后来高职院校一直推广的"学生KAB创业教育基础"课程，该课程的总目标是培养复合型的企业家人才，具体的目标如下。

①对学生的创业意识进行培养，让学生对于企业在社会中的作用和功能进行深刻的认识。

②为学生提供经营企业和创办企业所需要的最基本的理论知识和实践技能。

③不断提高学生的就业和创业能力，让学生可以在中小型企业中以及缺乏良好就业机会的环境下顺利进行工作。

④鼓励学生把创业作为职业选择，将自我雇佣作为理性职业选择。

"学生KAB创业教育基础"课程可以有效培养学生的创业精神，提高创业素质，锻炼学生的创业心理品质。在校期间，在学生的心里埋下创新创业的种子，在合适的时候，当有良好的创业环境的情况下就会引导学生进行创业，成为就业岗位的创造者。

（3）学生创业教育的课程开展形式。学术的创业教育的方式和方法应该构建起创业教育与其他学科相互结合，相互渗透的内容体系，同时与活动课程、学科课程、实践课程形成一种相互渗透、相互结合的课程形式体系。

在高职院校的公共选修课教学过程中，创业教育应该以案例教学为主，在整个的教育教学过程中穿插典型的案例教学分析，在案例教学中，学生可以更加真切感知到创业的理念，明确创业的规律。学生也能在案例中了解创业者的艰辛，了解创业者身上的创新精神和独特的创新能力，在对学生进行创业教育的时候也可以融合其他学科的授课方式，根据专业的特色和特点将创业教育融入其中，将传统的专业课程、专业技术、创业教育课程进行有机整合。

针对管理、经济、商业等专业的学生开设创业教育课程时应该将理论与实践相结合。学校成立创业教育中心，建立起完善的、科学的、合理的创业教育课程体系，不断研究拓展计划，让学生在学校可以有计划、有目的地参与校园创业计划大赛，加强学生与社会，学生与企业之间的联系，加强学生与企业家之间的对话。例如，美国的百森商学院在创业教育课程中，学校利用学院的创业机构，要求麦当劳和肯德基的总裁到高校为学生讲授创业的经历和相关的内容。

（九）高职学生创业教育课程体系运作的保障措施

1. 提高学校对创业教育的认识

（1）在我国，创业教育在高职院校中属于经济学的范畴，尚未成为一级学科，甚至也不是二级学科。当前，在高职院校中有一些学者针对这个问题在进行不断的探索和研究，但是还没有被纳入国家的教学计划之中。

（2）创业教育的主讲师一般是学院派的师资，主要来自两个部门，一个是负责学生就业的行政部门，另一个是负责商业教育的教学部门。这就导致很多创新创业教育的老师缺乏必要的实践经验，有甚者还缺乏在企业就业的经验，并且有一部分老师因为行政工作的性质原因，导致专业进修的机会非常少，这导致老师缺乏一定的教学技能。为了保证创业教育的真实性和实践性，很多的高职院校会聘请一些企业家来校担任客讲教师，这种形式受到学生的欢迎，但是这种方式并不系统，也很难进行组织和协调，也没有一定的制度保障和资金的支持，还有一个重要的缺陷就是企业家虽然实践经验很丰富，但是缺乏教学经验，这就导致教学效果并不理想，还需要进一步完善和改进。

2.加强对创业教育师资队伍的培训

学生对于创业的相关知识了解不多，缺乏对创业过程的了解和实践，在毕业之后立马进行创业实践会造成就业率低。因此，在校期间对学生进行创新创业教育实践，可以帮助学生提前对创新创业进行了解，对之后的就业产生积极的影响。

构建起校企合作的课程运作模式，高职院校应该积极与企业建立好合作关系，尤其是与学科设置相关的企业，要有针对性地开展多样化的、科学的教学活动，让学生所学的知识和技能可以在实践中得到运用，让学生在实践中明确自身学习的目标，不断提高学生的能动性和自学性。可以组织学生与成功的企业家进行交流、讨论、座谈，也可以进行模拟创业等活动，将校企合作课程运行模式的优势发挥到最大。让学生真切了解到一个企业的创办和运营所需要的能力和决定因素，让学生在实践中感知创业者的精神在企业发展中的作用，明确企业家的素质在企业中的重要作用。对在创办企业过程中，知识所具有的核心价值进行感悟，对企业的风险进行评估，不断学习企业服务质量的提高方法，不断增加学生参与企业运营的机会，为学生打造真实的实践舞台。

学生的创新创业教育课程体系主要面向的对象是大学生，学生在经过理论学习和社会实践之后，在实践中将理论与实践相结合，将知识内化于心，学生在实践中学习可以不断提高学生的学习兴趣，不断增加学生学习的积极性和主动性，同时还能提高学生将理论知识转化为生产力的积极性和效率。只有建立起合理的创业教育课程体系才能为社会培养出拥有专业理论知识、专业技能、创业特质的全面、优秀的人才。我国全面建设小康社会也急需具有创新性的人才，创新性的人才也与我国当前的社会需求相吻合，因此，在现阶段，我国高职院校教育改革和发展的总目标是培养创新型的人才，建设学生创业教育课程体系。

学生的创新创业教育需要在长期的不断实践中进行探索和尝试，高职院校应该不断总结和归纳自身的办学特色，不断更新自身的教育观念，不断构建创新创业的教育体系，为社会培养出需要的创新型、实用型人才。

二、"创新创业+"人才培养模式实践体系构建

创新创业教育中不可或缺的环节是实践教育，这也是培养学生的创新创业意识，培养学生创新创业能力的重要方式和途径。在对学生的创新创业意识进行培

养的过程中最为重要的就是将以下内容融为一体：一是创新创业思想体系，二是实践教学体系，三是知识能力结构体系，以此形成将知识快速转化为实践能力的教学体系。

（一）"创新创业+"人才培养模式实践体系构建的必要性

1. 国家创新能力提升的需求

21世纪是一个不断变化和发展的世纪，是一个不断创新的世纪，在这个时代，创新创业成为时代主题，创新的实现过程就是创业，创业是创新的重要体现，创业的本质是创新，创业的手段也是创新。在21世纪，各国竞争的核心转移到人才上，人才也成为衡量各个国家和民族是否具有创新能力的重要指标之一。因此，学生的创新创业能力成为我们国家走向创新型国家的重要推动力，基于此，高职院校需要承担起培养人才的责任，积极实现创新创业教育，发挥出自身实践育人的功能，争取成为国家创新型发展的人才储备库。因而，高校院校应该积极开展创新创业教育，这不仅是学生之后就业和个人发展的要求，也是国家发展的必然要求。

2. 区域经济社会发展的需求

高职院校与区域经济社会发展联系紧密，旨在服务于地方经济社会发展。当前，地方经济的转型升级与可持续发展的根本在于依托人力资源优势实现从"资源驱动"向"创新驱动"的转变。高职院校创新创业教育实践工作一定程度上能够培养适应地方经济社会发展所需的创新驱动的人力资源，同时地方经济社会发展又为高职院校开展创新创业教育实践工作提供了平台和载体。因此，高职院校创新创业教育工作必须坚持立足地方经济社会发展的现实需求。

3. 高职教育自身发展的需求

（1）高职教育人才培养目标需求。立足于高职教育人才培养目标，高职教育应该建立一种具有高职教育特色的创新创业人才培养机制，以此来提升高职教育的竞争力和综合实力。在我国，高职教育占据高等教育的一半，伴随着当前我国高等教育的改革和深化、转型，高职教育在整个的人才培养中发挥着重要的作用。为了保证高职教育的长远健康发展，培养当代学生的创新创业能力、培养学生的人文素质和企业家精神，并且在此基础上形成一整套完整的理论和实践体系与机制，这是当前高职院校的核心竞争力之一。高职教育为了提高自身的核心竞争力，获得有效的发展，需要在创新创业教育的过程中，注重创新创业教育的实践力度，以此培养学生的创新精神、实践精神、创业能力、探索精神。

（2）高职教育人才培养模式需求。立足于高职教育人才培养模式，高职教育首先应该转变人才培养的思路，创新人才培养的模式和方向。联合国教科文组织在对"面向21世纪国际教育"发展趋势进行研讨的时候提出了创新创业教育这一种全新的教育理念，提出应该大力发展高职院校的创新创业教育，当前各国对高等教育的发展已经达成共识，即大力发展高职院校创新创业教育。我国的经济在不断发展、不断深化，中国未来经济再次腾飞的重要支柱就是创新型产业，创新型产业和经济的原动力就是创新创业教育。因此，当前高职院校应该积极探索创新创业教育的路径，探索出可以参照、可以复制、可以借鉴的创新创业人才培养模式。

创新创业是一种具有很强实践性的工作，主要目的在于培养学生的创新思维、创新的意识以及创新创业能力等素质，这些都需要学生在实践中获得。因此，在创新创业中实践教育具有很强的现实意义。

学生创新创业能力的培养需要学生不断进行系统的理论学习，也需要不断参加社会实践活动，需要在教师的引导和帮助下树立起正确的创新创业意识，不断开发自己的创新创业思维，提升创新创业能力和水平。在创新创业教育中，实践教育这种形式可以极大激发学生的学习兴趣，调动起学生学习的积极性，让学生在实践中具备创新创业所需要的能力和素养。由此可见，创新创业教育的核心就是实践教育教学，如果离开了实践教育，那么创新创业教育就没有意义，也就发挥不了重要的作用。

4. 自我价值实现的需求

创新创业教育的实践可以让学生的主观能动性得到充分的发挥。学生自身的能量在创新创业的实践过程中发挥着关键性作用，作为老师，在这个过程中主要承担着指导者和教育者的角色，发挥着引导、教育、启发、指导的作用。在整个的创新创业行为中，创新创业者都会充分发挥自身的主观能动性，以此来对企业进行管理，进行决策，都是学生自主行为的选择与执行。在创新创业中，学生的思想得到了升华和释放，让自己的才华得到充分的展现。

学生创新创业的实践过程也是学生进行自我极限调整的过程，我们对极限的挑战不仅仅包含精神上的，也同样包含身体上的。创新创业的过程非常辛苦，在这个过程中，学生的身心得到了锻炼；创新创业的过程中有很多的不确定性、风险性、不可预测性，这可以使学生的意志、毅力、韧性、情感得到磨炼。总而言之，创新创业实践并非对学生进行的单一的、片面的考验，对于学生来说是一项具有综合性的极限挑战。创新创业者最好的锻炼平台是实践。创新创业作为一项社会实践活动，让学生在实践中锻炼自身的创新意识、创新精神、创新能力、创业能力、创业思维等，让学生的综合素质得到提高。

（二）"创新创业 +" 人才培养模式实践体系构建的现状

1. 创新创业实践教育课程体系不健全

在当前，还有很多的高职院校并没有将创新创业教育的课程纳入人才培养的方案之中，仅仅是针对有创新创业意愿的学生开展了较小范围的创新创业培训活动，这就导致受益面非常的窄，导致学生也不重视创新创业教育。虽然有的院校已经将创新创业教育的课程纳入了人才培养的方案，但是因为种种原因，课时非常少，并没有形成系统的、科学的创新创业课程体系，也很难有实践课程，无法提升学生的创新创业能力和水平，无法保证学生获得创新创业的知识。

当前部分院校的创新创业教育是通过就业指导、创业讲座等公选课或者兴趣班的形式，这就表现了当前的创新创业课程体系尚未完成建设，也没有建设的思路和方向。在专业的教学设计中并不重视学生的创新意识的培养，也不注重学生的创业精神和创业能力的培养和提升，创业教育作为一种高水平的、多层次的素质教育，应该给予重视。只有保证学生具有专业的创业理论基础和扎实的实践技能，才能保证学生成为具有创新意识和创业能力的高素质人才。

2. 创新创业教育活动体系不健全

在当前，高职院校创新创业的实践活动开展得并不是很完善，一般来说是精英式活动，很多的学生没有办法参与其中，这就没有办法使得创新创业实践活动体系得到有效形成。

大部分院校的创新创业教育偏重于理论的讲授，缺少实践教育。在建设实践教学基地的时候，一般院校并没有将创新创业教育的内容融入其中。

3. 创新创业教育平台（基地）体系不健全

在我国的高职院校中，大部分的创新创业教育起步较晚，虽然已经开设了相应的创新创业教育实践活动，但是基本上都是围绕校内的活动中心和实训基地展开，并没有为学生设置专门的创新创业教育孵化平台和建设基地；有的学校只是设置了创新创业基地，但是尚未形成课程实践、顶岗实践、综合实践、孵化实践等融为一体的创新创业教育基地体系。

4. 创新创业教育实践支撑体系不健全

（1）创新创业服务机构与平台匮乏。创新创业教育在我国起步比较晚，很多的高职院校并没有设置专门的创新创业教育的机构。在当前，创新创业教育的职能在很多的高校都是由就业部门兼任的，主要对创新创业的相关活动进行主持和负责，创新创业教育教学一般是由学校的管理学院或者商学院负责。创新创业教育工作一般是由院校的团委或者学工处负责，教学单位或者思想政治教学部门主要完成创新创业教育具体的教学，这就导致很难有专门的人员对创新创业实践进行专业指导，与此同时，信息化的服务理念和投入的缺乏导致创新创业教育信息的服务综合平台并没有形成。

（2）没有形成创新创业实践师资体系。创新创业教育的关键在于师资，大学生创新创业的成功在很大程度上取决于学生的学识、经历、经验的影响。在当前的高职院校中，很多从事创新创业教育的指导老师一般由辅导员或者是不授专业课程的行政管理人员来担任，这类人员的日常工作就非常的繁杂，导致为学生提供创新创业教育的时间和精力非常少。除此之外，这些人员本身就缺乏创新创业教育的实践，对于创新创业教育的实践活动很难提供专业的、具有针对性的指导，有的教师所学的专业与企业的管理一点关系都没有，在面对市场机会、创业风险评估、项目可行性评估方面并不专业。

（3）创新创业实践支持体系不健全。第一，高职院校很少有专门的创新创业基金。对于学生来说，创新创业最大的困难就是资金的短缺。在大学，很多的学生都有创新创业的热情和激情，也有很多创业的项目，但是因为启动资金非常地匮乏，就只能放弃创新创业项目。尽管有的院校已经设置了相应的创新创业基金，但是总量非常小，很难满足学生的创新创业项目所需的数额，而且面对众多的创新创业者，也很难做到兼顾和满足所有的创新创业者的需求。

第二，对于学生的创新创业，缺乏社会援助。创新创业教育不仅具有个性还具有社会性，因此建立起完善的社会支持系统是非常重要的事情。尽管最近几年政府为了鼓励学生创新创业出台了很多的政策，但是在现实中，很少有投资商对学生的创新创业项目进行投资。

第三，学生的创新创业实践很少有企业参与其中。当前，在学生的创新创业实践中，学校是教育的主体，政府在这个过程中也在积极地呼吁和鼓励。对于学生的创新创业，企业作为创新创业实践经验非常丰富的一方并没有参与到学生的创新创业实践中，在现实中，很少有企业会主动参与学生的创新创业实践，也很少有企业会为学生提供专业的、前沿的创新创业实践咨询和指导。

（三）"创新创业+"人才培养模式实践体系构建的目标

"创新创业+"人才培养模式的宗旨和出发点应该是为经济社会发展服务。根据当前高职院校的创新创业教育实践活动开展的形式和现状，应该建设具有高职特色，符合高职定位的创新创业教育实践体系，培养目标应该是"四创"——创新、创造、创业、创优。"创新创业+"的人才培养模式应该依托于校内外的时间课程体系、校内外创新创业实践基地平台和各种创新创业活动，立足于当前社会发展的趋势和专业优势，对学生的创新创业意识进行引导，让学生将创新创业的想法进行转化，模拟创新创业项目，开展创新创业教育实践，重点培养学生的创新精神。

只有搭建起新型的创新创业教育实践平台，才能为学生营造良好的、健康的创新创业教育的实践环境，不断深化高素质技能型人才培养的模式和途径，不断培养学生的创新型思维和能力，充实学生的创业知识，保证学生创业技能的提高，不断使学生的社会责任感得到加强，增强学生的历史使命感和职业荣誉感，让学生对所从事的创新创业实践活动有全面的认识。积极践行创新创业教育理念，通过一系列的实践活动和措施将实践的目标转化为学生的具体行动。

（四）"创新创业+"人才培养模式实践体系构建的原则

"创新创业+"人才培养模式实践体系构建的原则应该符合构建的目标，并且要以当前高职院校的创新创业教育实践的现状为依托进行开展。

学校应该树立"创新创业教育区域化"的理念。创新创业教育与区域经济的发展关系着重体现在以下几个方面：区域经济的发展是创新创业教育的主要依托，区域经济社会发展构建着创新创业人才的知识和能力结构，区域经济的可持续性发展受到创新创业教育的影响。构建创新创业的教育教学实践体系，应该与社会的需求和与地方的产业结构相符。高职院校的创新创业教育也应该围绕人才的知识和能力结构来对教学内容进行设计，同时，借助地区社会经济的资源建立起教学实践硬件场所，为学生提供丰富的教学素材，如选取来自地方生产和管理一线的实践教学案例，服务地方企业的实务运作等。

学校应该树立起科学的、先进的"创新创业教育观"。创新创业教育的本质涵盖了专业教育的全部内容，换句话说，就是在专业教育的基础上增设创新创业的素质教育。在专业理论教学和实践教学中融入创新创业教育的全部内容。

学校的创新创业教育应该建立起立体化的"做、学、教、考一体化"的教学模式，结合隐形课程与显性课程，让专业课程、实践课程、活动课程进行互动，实现理论与实践的结合。创新创业教育的实践教学应该体现出阶梯性、层级性，需要体现出从感性认知到理性认知的逐步深化，实践教学应该贯穿在整个大学创新创业教育教学过程中，在各个环节和阶段中都有所体现，并且保证教学的各个节点之间，各个环节之间，各个课程之间的有效衔接和连续，保证教学实践的稳定开展。

高职院校应综合考虑学生的专业背景知识、性格特点、知识背景、学习动机等的差异，对学生展开个性化和差异化的创新创业教育，在保证学生对知识技能掌握的基础上对学生开展具有个性化、针对性的实践教学活动，以此来促进学生的个性发展。创新创业的实践教学中，作为教师应该转变自己的角色和地位，体现学生的主体地位，让学生可以独立思考，引导学生的团队合作与创新，不断激发学生的创新思想和思维，让学生的创新思维得到提升，创新精神得到培养，创新能力得到提高。

学校的创新创业实践教学资源主要有以下两种：软性资源和硬性资源。创新创业实践活动主要是学院团委、各种协会、学生会、社团组织等利用软性资源开展活动，以此来营造学院创新创业的氛围，使得学生的创新创业能力得到培养。所谓的硬性资源主要指的是在学院内可以为创新创业提供实践的设施、设备、场地以及现有的经营主体，为学生搭建创新创业的实践平台，为学生的创新创业提供感性的体验。此外以专业实践教学内容为依托，充分利用社会上的资源，建立起学校和企业的协作关系，形成一种内外联动的培养模式，让学生在为企业服务的过程中收获经验与知识，建立起双赢的服务体系。

（五）"创新创业 +"人才培养模式实践体系构建路径

1. 变革人才培养目标，增强创新创业实践意识

注重对学生的素质培养，加强学生的技能实践，为社会服务，着重突出文化创意的教育思想，着重突出以创新为引领，将学生培养成具有强烈社会责任感的高素质的技能型人才。在创新创业实践教学中寻求新的突破，实现人才质的跨越，不断提高人才的培养质量和水平，不断培养出符合社会发展要求和时代发展特色的人才。

2. 以"学生可持续发展"为导向，构建分阶段进阶式的创新创业教育实践体系

应该建立起一整套以三个课堂阶段为依托，具有进阶性的创新创业教育实践培养体系，不断拓宽学生创新创业的视野。

（1）立足第一课堂，培育创新创业实践认识。对创新创业实践课程进行改革，面向所有的学生开设创新理论课、创业基础课和职业生涯规划课等课程，开设创业网络课堂（互联网创业、网创项目选择与定位、网络产品规划策略、货源平台采购与财务管理、网络推广与全网营销、网创项目风险分析、网店管理等课程）。同时依托专业通识课程，如市场营销、成本控制、餐饮管理、连锁经营等课程。通过两类基础课程的开设与知识融合，培养学生对创新创业实践的认识。

将基础课程作为基点，以此为基点建立起与专业课程的联系，在校内开展具有综合性的实训课程，不断深化学生对于创新创业实践的基本认识和了解，最大程度上提升学生的创业就业的能力，让学生树立起良好的创新创业实践意识。

校内综合实训课程：在传授专业知识的过程中，有意识地加强创新创业教育，使学生在上课时潜移默化地增强创新创业意识。以项目课程为主线，学生团队完成整个过程的各个环节。其间，教师给予指导，通过此实训课程，让学生在课程中，紧密联系专业理论与实践，实现学生综合实践能力的提升，拓展学生的创新创业素质。

（2）立足第二课堂，实施创新创业实践体验。为了提高学生创新创业的基本职业品质，可以以第二课堂为依托，对学生进行柔性化教学管理，实行综合性实践和拓展性实践。创新创业项目（科研）实践体验主要通过两种方式进行——以导师制主导实践和学生自选项目选题并组织实践，通过这种方式，让学生在项目中可以获得组织、设计、协调等实践能力，真正成为参与创新创业项目实践活动的主体，如实践创新训练计划、综合毕业设计及成果展示会、各类纵向横向科研课题研究等。

实践创新训练计划：为了促进学校人才培养模式和教学方法的创新，鼓励和支持学生积极参与科学研究、技术开发和社会实践等创新创业活动，不断提高学生的创新创业精神和实践能力。

综合毕业设计及成果展示会：为了提升学生的综合能力，学校通过改革传统的毕业论文形式，跨专业跨班级，打通专业界限，实施团队合作，进行综合毕业设计，包括方案制订、作品设计、成果展示等环节，充分发挥学生的综合实践能力，提升学生的创新意识和能力。

学校应该积极组织各种创新创业的比赛，让学生在比赛中不断坚实基础，建设创新创业的平台。创新创业的主体是学生，学校应该积极引导学生参与创新创业的实践活动，让学生在实践中获得探索能力和研究性的学习能力。学校应该积极地组织和举办各种创新创业竞赛，如各种创新创业知识竞赛等，以此来使学生的创新创业能力得到锻炼和提升。作为学校，应该积极地为学生提供各种有利条件，帮助校级比赛获奖的学生参加如全国职业院校技能大赛、全国高职高专创新创业大赛、省级职业生涯规划与创业大赛等国家级、省级的竞赛。高校应该依托这些竞赛来打造创业平台，不断激发和强化学生的创业激情与热情。

创新创业知识竞赛：学校每年在校内开展创新创业知识竞赛，检测和提升学生的创新创业知识储备能力，同时统一组织学生参加全省的就业创业知识竞赛，将竞赛成绩作为考核学生的重要依据。

"成才杯"职业技能大赛：学校积极为学生创造各种职业技能锻炼和展示的平台，以赛促学、以赛促练，提升学生的职业能力。每年在全院范围开展"成才杯"职业技能大赛，实施"人人参与""人人成才"，在形成相对较稳定的比赛项目的基础上，不断创新竞赛项目，开拓综合性竞赛项目。

省级、国家级职业技能大赛：学校在"成才杯"职业技能大赛的基础上，经过层层选拔，参加学校的比赛，优秀选手被推荐参加省级、国家级技能竞赛，效果显著，影响面极大。

职业生涯规划大赛：以"职业生涯规划与就业创业指导"课程教学为契机，扬弃"以知识体系为导向"的传统课程理念，构建"以生涯能力培养为目标"的课程新理念。通过职业能力测试、规划书撰写、模拟面试、小组讨论等形式多样的教学环节，帮助刚入校的大一新生尽快找准自己的职业角色定位，正确认识客观环境，引导其做好个人职业生涯规划，确立合适的职业理想，制定职业发展的各阶段目标，从而建立与人才培养体系相得益彰的课程教学体系，增强教育教学的实效性。以此为基础，积极组织学生参加全省学生职业生涯规划大赛。

名人访谈：由学院组织在校生对行业内具有影响力的企业创始人等进行访谈，让采访者真切感受到创业的环境与发展历程，并将访谈内容与校内同学分享。

大讲堂：学校开设大讲堂，在新生进校之初，将就业创业教育作为入学教育的重要组成部分，邀请创新创业成功人士、杰出校友来校演讲，让新生一进校就对学生创新创业有初步的了解。大一第一学期，通过举办创新创业基础知识讲座，对新生进行普及性创新创业教育，激发同学们的创新创业意识。同时各学期定期通过举办讲座、沙龙等形式，增进创新创业者与在校生的交流互动，培养学生的创新创业意识，了解创业前应进行的知识与经验准备。

由团委、学生会牵头，建立和完善创新创业学生社团，不断发挥社团的教育功能。学生在创新创业社团的活动中将专业知识与实践相结合，将知识内化，保证社会的渗透作用可以得到充分的发挥，让社团成为学生创新创业实践教学的第二课堂。创新创业社团可以开展丰富多彩的社团活动，学生在活动中不断被激发出创新创业的激情和热情，激发创业灵感，在潜移默化中培养学生的创新意识。当然，创新创业学生社团还能向校外商业单位拉"赞助"，以此来推广学校的活动，比如运动会、辩论赛、演讲比赛、校园歌唱比赛等活动，以此来提高学生的合作能力和管理能力，为创新创业打下坚实的基础，培养基本的能力。

创新创业平台：由学院在校生组建社团，主要向相关企业推荐勤工俭学的学生，以获取企业资金支持，帮助社团发展壮大。同时，也让勤工俭学的学生尽早接触企业，增强自身专业技能，培养创新意识，了解企业创业的过程。

创新创业兴趣小组：为了激发学生的学习兴趣，拓展学生的实践能力，可以利用学生的课外时间，积极开展第二课堂教学活动。学生根据自己的兴趣爱好自行报名、自行组织烹饪兴趣班，学院根据学生的情况协助设计教学方案、选聘指导教师。兴趣班每周举办一次活动，教学目的明确，教学效果考核成绩均纳入学生操行学分。通过实践，教学成果显著的同时也丰富了专业的实践内涵，强化了学生的动手实操能力，拓展了专业技能，提升了学院相关专业学生的就业竞争力。同时社团为企业提供订单式服务与产品，企业给学生提供了技能实践的平台，培养了学生的创新创业意识。

（3）立足第三课堂，实施创新创业实践培育。对于社会实践的认同是创新创业实践教育的基本点。在创新创业实践的人才培养过程中，应该积极打造实践的平台，通过在高职院校间建立校企创新创业实践基地、开展创新创业计划竞赛、设立创新创业孵化基地等多种方式，让学生可以在实践中获得创新创业实践的技能，不断强化实践动手能力和水平，拥有解决实际问题的能力，让学生与老师共同打造一个良好的平台，创办企业。

微商推广服务平台：这是由师生共同打造的平台，通过收取加盟微店的适当费用，为微店进行包装、管理与推广，给微店经营者提供建议与咨询。

学校与企业深度合作，深入开展现代学徒制探索，校企共建创新创业实践基地，共同提升学生的创新创业能力，如蓝蛙订单班。同时利用校外基地优势，建立校外顶岗实践研修基地，进一步拓展学生的实践能力和创新创业实践能力，特别是充分利用杰出的校友与合作企业资源，通过请进来与走出去，在校内搭建创业培训平台，在校外建立创新创业教育实训基地，定期组织学生到企业考察、交流，了解企业的创始过程，体验真实的创业场景。

（六）"创新创业+"人才培养模式实践基地和平台建设构建

1. 完善校内实训基地建设

完善实训基地功能，提升实训基地档次和硬件建设。继续打造实现实训中心职业技能运用、职业素质培养、职业能力训练的主要职能，应该继续与社会、行业接轨，开设行业所需要的实训课程，与此同时，还应该开展各种模拟实训，将模拟实际就业环境作为一种训练方式，将学生就业技能与当前企业所需要的岗位技能之间的距离缩短，提升学生的创新创业实践能力，满足多层次人才实训的需求。

2. 打造校内创新创业教育实践平台和载体

当前创新创业教育实践还存在一些困难，最大的困难在于需要为学生营造出真实的、客观的创新创业实践环境，为学生提供一个可以进行创新创业的平台以及客观载体。面对学生的创新创业需求，学校需要满足学生的创业需求，对校园空间和整体布局进行规划，对三大功能区域进行优化设计和调整。第一，让学生拥有经营实体店铺进行创业和社会实践的功能区域，可以利用好、规划好校园内沿街部分活动中心、商铺、食堂区域；第二，开辟单独的空间作为学生进行创新创业实践活动的中心，可以利用学校的图书馆和体育馆的部分空间，以此当作学生进行创新创业培训的功能区和创业沙龙的功能区；第三，利用学校实训楼，调整实训楼现有使用空间、利用创新创业服务中心的空间，把这些空间作为学生从事管理服务咨询与开展创新创业的功能区。

3. 构建创新创业孵化扶持体系

创新创业教育实践的重要一步在于要对学生创新创业的扶持体系进行完善，为学生的创新创业实践提供重要的制度保障。扶持体系应该依托于学校教学酒店，成立指导中心指导学生的创新创业，并且设立专门的学生创新创业的扶持基金，遴选、孵化、跟进、扶持、指导创新创业项目，在经过这些程序之后保证创新创业项目从萌芽、发展走向壮大，创新创业的项目只有具备了一定的市场竞争力才能获得更加健康、持续地发展。

创新创业的内容不仅包含技术的研发，还包括商务服务和文化的创意等领域：通过项目负责人的申报，之后由专家对所申报的项目进行筛选，决定最终可以入选的扶持项目。这些项目主要由学生来负责，学生自己组织项目团队，填写申报书，写策划书等。作为项目的负责人，需要将项目的创意、市场的评估、运行的现状、营销策划、团队组织等方面向专家评审进行系统的展示与介绍，专家评审在认真听取项目的汇报情况之后，根据评分的标准进行评分，遴选出优秀的、有潜力的项目进入扶持项目。当项目入选之后，需要为学生提供一个良好的创新创业的环境，以此来激发学生的创新创业的技能和热情。

4.搭建学生校外"众创空间"平台

校企合作为学校和学生带来了很多的优势资源，利用这个优势来搭建创新创业教育"众创空间"平台，让该平台成为学生进行可持续性创新创业的基础和平台。校企合作优势的互补，借助深度合作的平台，学校应该与企业建立起较为"紧密"的合作关系，为学生建立起广泛的实践基地。学生可以通过校企合作使自己的创新创业视野得到拓展，学生在校企合作中积累坚实的理论基础、专业知识，提高自身的职业素养和创新创业能力。与合作企业建立校企合作的创新教学工场，让这个创新教学工场成为学生与企业进行沟通的载体，其组成单元为社会真实项目和教师为指导，学生为主体的"虚拟项目"。在这个校企合作的创新教学工场中，学生的学分情况可以与学生"虚拟公司"的创业实践进行结合。与此同时，如果学生参加创业实训项目，那么学生可以获得相应的免修课程的机会和资格，这样可以真正实现创新创业和教学的有机结合。

三、"创新创业+"人才培养模式评价体系构建

高职教育要以适应现代社会发展的需要为目标，培养出符合社会需要的高质量人才，在高职教育中，必须对传统教学中填鸭式的、以教师为主的教学方法进行改革，在教学中广泛吸收和应用现代化教学方法或采取现代化多媒体教学手段。改革教学方法要以提高教学质量为目标。关键在于注重教学效果的优化，其目的是促使学生学习能力的提升，对传统的、陈旧的教学方法进行改革，大力引进先进的教学方法。"创新创业+"教育教学改革进程中，更要特别注意在教学过程中进行教学方法以及考核方式等方面的变革，以往传统的教师"满堂灌"等教学方式已经无法适应高职院校人才培养的需要。学校要采取积极措施，如进行各种教学方法的讨论，广泛采用启发式、讨论式、翻转课堂等教学模式来开展教学活动，让学生参与老师的科研课题，教师要重视对学生批判性思维和创造性思维的训练，启发学生的创新创业灵感，针对不同学生的需要，进行分类分层学习，充分运用现代信息技术，进行在线学习，激励学生自主学习，并且创造条件，把同学们参加的各种活动与在线学习结合起来，提高自主学习在学业成绩评定中的水平。与此同时，需要对学生的教学评价模式进行改革，构建新型教学质量评价体系，改变传统的"以理论考试成绩为主、以期末考试成绩为主、以任课教师评价为主"

的评价模式，构建以"发展学生的综合素养，提高职业能力"为主线的人才培养模式。

评价模式的改革有利于树立全面的"人才观"，有利于推动"教学模式"的改革创新，有利于推动人才培养模式的改革创新。

（一）创"多模"的教考方式方法

1."教案"变"学案"模式

所谓"学案导学"，就是为了使学生学有所得，学会学习方法和以创新为目的，突破以往只凭教案授课的惯例。它注重引导学生自主探究、主动建构知识体系、培养自学能力。利用学案这一载体，通过"先学后教，问题教学，导学导练，当堂达标"，使学生直接参加、亲身体验与感受知识的形成过程，探究发现问题，解决问题，得出结论，创新知识获得的程序与途径。这种教学方式符合新课程改革对教育理念的要求，它改变了传统课堂教学模式下教师讲—学生听的单一教学模式，使师生真正成为课堂活动的主体，贯穿于教学的始终。教师并非"授人以鱼"，而是"授人以渔"；并非奉送真理，而是教给学生道理。这样，不仅可以调动学生的学习积极性，而且能使他们学会自主学习。这一做法在传统教育和现代教育之间划上一条清晰的界线，这对学生创新精神与创新能力的培养是非常有意义的。

（1）教师编写"学案"的标准。教师在学案设计中，要从教材编排原则、知识系统出发，对课程标准（大纲）、教材及教参资料，对自己所任教学生认知能力及认识水平等作仔细分析与研究，合理对待教材，力求学案在设计上突出重点、难点，实现对学生思维的启迪，实现培养学生学习能力的目标。

（2）学生自学教材。解决学案的相关问题是学案导学最核心的环节。导学案是根据课程标准和教学实际而设计的具有一定针对性、可操作性的学习方案，是课堂教学的重要组成部分。老师把事先准备好的学案在课前寄给学生，使学生学习目标清晰，带着疑问预习。教师要引导学生发现并提出有价值的问题，使他们能主动参与到课堂活动中来，从而促进课堂教学质量和效率的提高，同时教师要在学生自学的过程中给予恰当的指导。

（3）讨论交流。学案学习要以学生自学的模式为主，教师要组织学生对学案上的相关问题进行探讨，对于教学的关键、重难点，引导同学们讨论交流达成共识。所谓"学案"就是教师根据教学需要和教材特点而设计的指导学生自主学习的提纲。对于学生讨论时无法解决或者普遍存在的问题等，教师要及时总结，以达到精讲释疑，帮助学生们解决学习中遇到的问题。

（4）精讲释疑。精讲释疑就是在学生自学、讨论交流的基础上，教师针对教学重点、难点及学生在自学交流过程中遇到的问题，进行重点讲解。

（5）习题的设计要贴近本节教学内容与能力培养目标，贴近学生的认知水平。教师可根据学生讨论的内容及结果进行归纳总结，将课堂学习过程转化为一个不断反思的过程。练习题要让学生们当堂完成，使学生在实践的基础上，不仅能够消化和巩固所学的内容，也可以给教师直接反馈信息。练习要有一定难度，使之成为一个整体，有利于培养学生的思维能力，如思维的深刻性、灵活性、敏捷性等。教师在练习过程中发现问题要及时纠正，作出正确评价。

"学案"可分为：学习目标、诊断补偿、学习导航、知识总结、当堂达标测试5个环节。

①学习目标：目标的制定要树立"一切为了学生发展"的新理念，针对本节的课程标准，制定出符合学生实际的学习目标。目标的制定要明确，具有可检测性，并与本节当堂达标题相对应。

②诊断补偿：首先，设置的题目重在诊断学生掌握与新知识有联系的旧知识的情况，目的是发现问题后进行补偿教学，为新知识的学习扫清障碍；其次，有利于导入新课，激发学生的学习兴趣。

③学习导航：学案设计思路包括树立"先学后教"理念，学案要以"学"为中心去预设。主要解决学什么、怎样学的问题；教师在设计本部分内容时，要用学生的眼光看教材，用学生的认识经验去感知教材，用学生的思维去研究教材并充分考虑学生自学过程中可能遇到的思维问题；给学生充分的学习时间，每个知识点学完后，要配以适当的题目进行训练，使学生理解和掌握所学知识。

④知识总结：当堂形成知识网络，及时复习，力避遗忘。最好是学生自我总结。

⑤当堂达标测试：紧扣本节课的学习目标，选择能覆盖本节课所学内容的题目。对学生进行达标测试，以查看本节课学生的学习效果，并针对学生反馈的情

况及时进行补偿教学；难度不能太大，以考查知识的掌握及运用为主。

加强学生的自学行为，着重发挥学生的主体作用，从触发、诱导、启发、导学、导练等方面入手，让学生从听众席走上表演舞台；使学生在动眼、动脑、动耳、动口、动手操作时，参与到知识的创新过程中，自我领悟学问的意义，从而深层次感悟知识、领略学习和创新。这是新一轮课程改革所倡导的一种新的教育理念和教学方法。在对中外现代教学理论进行了广泛研究后，研究人员要紧密结合各个学校的教学实际，构建出"自主探究与学案导学相结合"的课堂教学创新模式。该教学模式强调以学定教、以教为导、以导为用，重点培养学生的主体意识与创新能力，充分体现了素质教育理念。利用学案改革教案，将学习主体由老师变为学生，将注重教师知识传授向注重学生能力发展转变，学案导学教学模式在本质意义上变革了传统的教学方式。这种新型的教与学的方式符合新课改精神，能激发学生学习兴趣，培养其自学能力和创新能力。其基础是学生自学信息的反馈，以教师和学生的活动为媒介，注重发现问题后主动进行自我探究，旨在培养学生各方面的能力，重视学生学法指导以及学习策略教育，切实发挥学生的主体性，反映出现代教育特点。

2. "网络环境下的自主课堂"——蓝墨云班教学模式

蓝墨云班课是一款可以供职业院校和广大高校教师和学生在计算机上使用的教学工具，利用蓝墨云班课，教师可以提升与学生的沟通和互动效率，开展微课或翻转课堂教学。让课堂变得更加生动有趣，任何移动设备或个人计算机上，都可以轻松管理自己的班课、管理学生、发送通知、分享资源、布置批改作业、组织讨论答疑、开展教学互动。

基于蓝墨云班课的线上线下相结合的混合式教学，教学设计分为线上自主学习活动和线下课堂教学活动。学校充分利用师生的"自带设备"，积极探索移动互联网环境下课程教学的新模式、新方法。开发私播课课程，利用蓝墨云班课移动教学助手开展线上线下相结合的混合式教学。在"线上"，学生自定步调完成基础知识学习并参与讨论、参加自测；在"线下"，学生在教师的引导下，通过小组讨论、演讲汇报、场景模拟等实践教学深化对语言知识和工作技能的理解与掌握。通过挖掘学生学习行为的大数据，加强对学生的学业预警和过程性评价。开展线上线下相结合的混合式教学既有利于因材施教，促进学生的个性化学习，又培养了学生的团队合作精神，使其在轻松有趣的环境中学习知识，发展能力；教师信息化教学能力也不断得到提高。

线上自主学习活动具体实施过程为以下几个步骤。

（1）通知发布：通过蓝墨云班课的通知功能发布学生课前自主学习任务，并且预告课上学习活动内容，以便让学生做好充分准备。

（2）资源上传：将学生自主学习资源上传至蓝墨云班课，包括教学课件、教学视频、扩张资源、自主学习任务单等。

（3）讨论答疑：学生自主学习后，师生、生生在蓝墨云班课讨论答疑区进行同步或异步的讨论交流、解决疑惑、加深理解。

（4）课前自测：学生自定步调完成自主学习后，前往蓝墨云班课测试区参加课前自测，了解自己对自主学习知识的理解和掌握程度。

（5）敦促监控：利用蓝墨云班课的大数据分析功能，了解学生课前自主学习的任务完成情况，敦促没有学习资源或没有完成任务的同学完成课前自主学习。

（6）归纳反馈：学生通过自主学习和讨论交流，归纳课前所学，并且反馈仍然存在的困难和疑惑。

线下课题学习活动包括以下几种。

（1）利用蓝墨云班课的调查问卷活动开展与课文主题相关的问卷调查，让学生对调查结果进行小组讨论，这有利于帮助学生提高口语交流和写作能力。

（2）单词拼写与竞赛：通过蓝墨云班课的作业任务模块让学生提交单词默写，然后进行同学互评，这有利于学生在短时间内强化记忆单词。

（3）头脑风暴：让学生利用蓝墨云班课的头脑风暴功能列举所读文章的关键词，一方面可以训练学生的阅读理解能力，另一方面有利于学生的思维训练。

（4）汇报展示：学生对小组讨论的成果进行汇报，同时可以开展小组互评或教师评价。

（5）课堂反思：一堂课结束后让学生利用蓝墨云班课头脑风暴功能反思归纳本堂课所学，具体包括学到了什么，还有什么疑惑的，印象最深刻的是什么，课上最无聊的是什么。

讨论答疑：在使用蓝墨云班课进行教学的过程中，讨论答疑贯穿教学的整个过程，突破时空限制，实现任意时间、任意地点的学习。

效果：①学生学习行为发生了变化，蓝墨云班课的学习预警功能和经验值功能，使得学生积极地去学习提供的学习资源并参加老师开展的各种教学活动；②学生体验，由传统的教师讲授为主的课堂转变为以教师为主导、以学生为主体的教学，并且课堂活动丰富，学生体验到了学习过程的乐趣。

学习成效：通过半个学期的实践，学生课堂变得越来越积极活跃。

3. "学习成果导向"的"体验式学习"模式

深入学习职业教育的精神，以学生为中心，工学结合、知行合一，开展"基于学习成果导向的体验式学习"，在课堂上将理论课授完后，带领学生亲自动手实践。以"食品雕刻"课程为例，可以开展"食品雕刻日"，将雕刻成果展示出来，让大家评价，有效地将创新创业的课程落到实处，以烹饪专业教学改革为突破口，针对"食品雕刻"课程创新性、技能性、操作性强等特点率先进行教学改革创新。

4. "实境镶嵌学习"模式

以旅游管理专业为例，旅游管理学院的学生可以将课堂设在景区里，学生们轮换做讲解员，培养自己的讲解能力和对知识的理解能力。学生通过景区的导览图分析景区的全貌，讲解景区的资源，学生们在学校课堂里做好攻略，研究好理论知识，然后到景区对照实境练习和理解知识。

导游班的教师和学生在学校课堂里上完一部分导游专业课后，可以到与学校合作的企业单位开展"综合实训周"活动，学生通过一周的实践来深刻地体会不仅要有丰富的知识和口才，还必须有一个强壮的体魄才能胜任这个专业的工作。

5. 观摩教学模式

提升青年教师的教育教学水平，进一步提高高职教学质量，可以开展青年教师教学观摩活动。资深教师可以通过案例讨论、知识拓展、视频欣赏、学生体验等教学形式开展教学。教学设计内涵丰富，教学方法灵活多样，教学内容重点突出，教学效果良好，能够给全系青年教师树立良好的教学示范。

（二）改革创新"多模"综合考核方式

改革创新"多模"考核方式，采取课程综合评价的方式，即从项目课程评价、综合实训评价、项目科研评价、单一经营评价、综合创业评价等几个维度实施考核。其中项目课程评价实施纵向考核与横向考核相结合的方式。

下面我们以烹饪专业为例，详细讲解改革创新"多模"考核方式。

1. 项目课程评价

（1）纵向考核即从"原材料选购、原材料准备、烹调技术、烹调方法、菜品创意、菜品装盘包装设计、菜品营销与推广、菜品成本收益"等维度进行考核。

比如，实行 4 周 1 次的套餐制作和阶段性评价。在以菜肴为主题的项目课程中采用了分组学习法，将教学内容分为不同的任务模块，通过团队协作完成任务，最后形成一个完整的项目。以原料为主要项目课程时，按蔬菜、家畜、家禽以及水产和其他材料的顺序安排开展厨房实战教学。教师将菜肴的制作方法及配方通过网络发布给学生。每项教学和练习共花费 2 周时间，然后对学生进行阶段性考核，同学们在学习知识和技能的基础上，根据材料，设计套餐菜单，通常在 60—100 元的花费中，设计"四菜一汤""一料多用"等套餐菜单形式。每组同学做一道菜，在校内售卖，同学们在校园里设计并发布海报，宣传促销菜品的同时，其他组学生、就餐客人与任课老师分别为所做菜肴评分，作为各组同学平时成绩的打分依据。

（2）横向考核从"学生自评、同学评价、教师评价、客户评价"等维度进行考核。每次项目课程结束时，由学生先进行自评，然后由教师进行点评，学生对所制作菜品进行售卖，并邀请客户（师生）进行客户评价，综合各项指标，分配权重系数，进行综合评价。

2. 综合实训评价

例如，进行为期 8 个星期的主题筵席设计和销售考核。在以菜肴为主题的项目课程中采用分组学习法，将教学内容分为不同的任务模块，通过团队协作完成任务，最后形成一个完整的项目。同学们利用前 7 周完成项目课程，第 8 周则由项目负责人下达考核任务。每盘菜均按成本标准计算出价格、数量并记录于账上。每一组学生都要设计一桌由某一类食材制作而成的筵席菜单，必须包含冷菜、热菜、点心、汤水以及饭后水果等，具体菜品均由各组独立、自由设计。这样就形成了一套完整的筵席菜单体系。项目负责人（主课老师）给各组成本费 300 元，让每一组成员按 300 元费用来设计菜单，并进行二次成本核算，最后要经过项目课程教师的审查和把关，然后组员在菜市场进行自我询价采购，所购材料经小组人员亲自切配处理加工。筵席菜单定下来以后，小组成员首先要在校园里贴上宣传海报，预售本组的整桌菜（供本校师生及校外人员食用）。每一组的菜都有客人预订后，收到客人的预订金才能将购菜成本300元退还给项目负责人，否则，小组学生将自行垫资（这也是同学们的销售动力）。作为集体活动或集体消费，各个环节都由组长负责协调分配，然后由组员自行组织实施，先对每一道菜进行组内评分。要完成整个筵席菜品服务还须各个小组成员共同努力。在这一系列过程中，小组成员之间的相互配合是至关重要的。要完成全桌筵席的一切工作，都需要这个小组的全体成员共同参与，其中包括菜单打印、台面设计、主题把握和文化渲染。在此过程中，每一位同学要根据自己所做的每道菜的特点，进行合理分配，并不断调整，使之更加完美。最后，邀请所有就餐客人和老师对菜品进行评分，各个组别之间也要互相打分，综合求得一桌筵席的总分。要提高同学们对自己菜品质量的自信心，我们在平时的学习生活中，经常采用"自我设计"这一方法。个别同学如果某道菜做得不到位，会影响全组总分，因此，小组成员之间的密切合作非常重要。这种自设计、自购买、自生产、自推广、自我服务的评价考核手段，从全方位入手，有效激发学生的学习热情，与此同时，他们的聪明才智与主观能动性得以充分发挥。

3. 项目科研评价

改革传统教学模式，依托"校园美食文化节"，实施项目运作模式，综合锻炼学生的职业技能和经营意识，提升创新创业能力。依托学校"烹饪与营养研究所"，鼓励学生参与教师教学科研活动，激发学生创新创业灵感。利用学院培训项目，创造品牌活动，开设"新市场、新技术、新工艺、新品种"的现代中、西面点技艺与创新高级研修班。改革考核方式，注重考查学生运用知识分析、解决问题的能力，改变以往"重结果、轻过程"的考核方式，避免"高分低能"的问题。如开展校园美食文化节菜品展销活动与评价。学校每年举办一届"校园美食文化节"活动，让学生走出教室、走出厨房，到学校的广场上开设美食宣传与销售活动。

4. 综合创业评价

利用校企共建平台，在学校建设创业孵化基地，开设餐饮类创业门店，如中餐馆、西餐厅、中点店、西点厅等，由学生全面负责经营，包含产品制作、销售、门店管理等，最终由指导教师实施综合创业评价。

创新的"创新创业+"人才培养机制、培养模式和课程体系，最终通过学校"多模"的教学方法，即"教案"变"学案"模式、"网络环境下的自主课堂"——蓝墨云班教学模式、"学习成果导向"的"体验式学习"模式、"实境镶嵌学习"模式、观摩教学模式等，得以深入课堂教学中；通过改革创新"多模"综合考核方式，即从项目课程评价、综合实训评价、项目科研评价、综合创业评价等几个维度实施考核等方式，得以保障创新创业人才培养的学习效果和教学效果的落实。

四、"创新创业+"人才培养模式保障体系建设

学校的主要任务是为社会培养合格的人才。要不断提高教学质量，从严治校，优化办学环境，规范管理制度，保证培养目标的实现。学籍管理是高职院校教育管理和学生管理的一个十分重要的环节，其制度的好坏、管理水平的高低直接影响着教学质量，影响着创新人才的培养。为维护学校的正常教学秩序，实现创新创业人才培养目标，需要通过各种学籍管理制度，如人才培养方案修订意见、学籍管理规定、学分制管理规定、创新创业学分管理规定等，加以保障落实。特别是参与创新创业的学生的课程学习、选课、休学创业、学分标准和认定等多个环节，需要各类学籍和学分管理制度的保障。学籍和学分管理规定，可以进一步赋予学生个性课程学习的机会，激发学生的创新创业意识，进一步提高教学质量。教师在学生选课的竞争压力下，可以实现"以学生为本"的教学理念，可以进一步激励学生主动积极学习的热情。

（一）制定出台人才培养方案修订意见

专业人才培养方案是人才培养工作的总体设计，是贯彻学校人才培养理念、实现专业培养目标、规范教学活动、检测教学效果和创新人才培养模式的纲领性文件。南京旅游职业学院为使人才培养进一步适应区域经济建设和社会发展需要，满足创新创业人才的需求，进一步提高人才培养质量，根据《国务院办公厅关于深化高等学校创新创业教育改革的实施意见》（国办发〔2015〕36号）、《国务院关于大力推进大众创业万众创新若干政策措施的意见》（国发〔2015〕32号）等文件精神，学校出台了《南京旅游职业学院关于修订2016级专业人才培养方案的意见》（以下简称《意见》），在《意见》中进一步明确了创新创业人才的培养

目标，坚持专业教育与创新创业教育有机融合的原则，优化创新创业课程体系，增设创新创业教育课程，提出研究建立创新创业学分，最终建立通识教育、专业教育、实践教育与创新创业教育相结合的培养模式，为学校的创新创业教育提供了根本的制度保障。

（二）稳步推进学分制改革，出台学分制管理规定

要深层次确立学生的主体观念，尊重其个性发展，重视发挥学生学习的主动性，体现因材施教的原则和分层教学、分类指导的理念，通过增加选修课程的数量，扩大学生自主选课的范畴，供学生自主选择、自主学习、独立思考，同时留足时间和余地，进一步发展学生的创新思维和能力，以适应学生个性化成长需求，加强贯彻学分制，切实保障学分制管理制度。

为保证学分制管理健康有序运行，推进工学结合培养模式改革，完善教学管理制度，提高教育教学质量，提升学生的职业素质素养，特别是学生的创新创业能力，根据《教育部关于在职业学校逐步推行学分制的若干意见》（教职成〔2004〕10号）、《教育部关于深化职业教育教学改革全面提高人才培养质量的若干意见》（教职成〔2015〕6号）、《国务院办公厅关于深化高等学校创新创业教育改革的实施意见》（国办发〔2014〕31号）并结合学校实际情况，高职院校也可出台"人才培养方案修订意见""学籍管理规定""学分制管理办法""创新创业教育学分管理办法"和"操行学分制管理办法"等制度，进一步保障"创新创业"教育人才培养的落实。明确了创新创业教育人才培养的目标，实现创新创业学生的注册入学、课程学习、休学复学等学籍管理，实现学生创新创业学分、操行学分的认定等，真正从制度上保障创新创业教育落到实处。

第三节　"实境耦合"人才培养模式探索

"实境耦合"人才培养模式，是在国家示范性高等职业院校建设项目的推进过程中逐步形成的，极具高职教育特质的人才培养模式。"实境耦合"是对"校企合作，工学结合"人才培养模式的特色化表述。这一模式的含义主要在于揭示了高职教育必须通过"校企合作"，实现高职院校与合作企业共同承担职业技能

人才培养职能的格局；在这一格局的支撑下，实现职业领域的工作过程与教育领域学习过程的融合与互动。校企合作是实现工学结合的基础条件，工学结合是校企合作的主要内容。"实境"就是指通过校企合作创设教学的工作实境，"耦合"就是指工学结合，达到两个系统动态协调的状态。

一、"实境耦合"模式的总框架

近年来，高职教育一直受到就业难、技工荒等问题的困扰，一方面，很多高职院校的毕业生就业比较困难，另一方面，企业需要的高技能人才却无处寻觅。究其原因，主要在于目前我国高等职业教育还没有真正形成一种有效的校企合作机制。在实际情况中，常常会由于企业对于校企合作的积极性不高，致使校企合作止步于以工代学、放羊式顶岗实习，同学们只能学一些粗浅的东西，学生的综合技能却很难提升。因此，如何解决好这一难题，成为摆在高职教育工作者面前亟待解决的课题。产生这一矛盾的原因很多，也直接体现了高职教育人才培养模式不适应社会发展需要的问题。因此，探索一条符合高职教育特点和市场需求的"工学结合"教学模式成为当前高职教学改革的重点。2006 年 11 月，教育部、财政部联合出台了《教育部财政部关于实施国家示范性高等职业院校建设计划，加快高等职业教育改革与发展的意见》（教高〔2006〕14 号）等文件，启动实施国家示范性高等职业院校建设规划。这标志着我国将进入"工学交替"的新时期，即把学校培养应用型高级专门人才的任务落实到具体专业上。突出服务是目的，以就业为主线，走产、学、研相结合之路，积极争取政府与企业在技术上、装备上的经费支持，努力建立互利互惠的长效机制，推进办学模式的创新，增强其办学活力。这是新时期我国职业教育领域对高职高专人才培养提出的全新要求。旨在解决长期以来高职教育中理论与实践割裂、教与学的脱节、学与用的分离等问题，从实际出发，切实解决学生的就业问题，向企业输送即时可用之人。本书通过对高等职业教育培养目标及培养要求的分析研究，提出以职业岗位需求为主线的课程设置理念与思路，构建"实境耦合、校企合作、工学一体"的教学模式。通过不断的实践和探索，对"实境耦合"人才培养模式进行了归纳和提炼，并且已被社会普遍接受。该培养模式是以职业能力为本位，以岗位技能为主线，以工作任务驱动为载体的一种全新的教学模式。基于"实境耦合"的高技能人才培育模式，课程体系趋向完善，面对新一轮后示范建设的变革，对学院的办学实践进行了系统的总结，推动"实境耦合"人才培养模式向纵深、高效、长效方向发展；加深人才培养模式理论体系的研究，科学地指导实践，形成了理论实践成果；以创新为动力，推动教育教学改革发展，实现专业内涵提升和特色创建，提高教学质量。如何在全国示范院校中真正起到示范引领作用，推动成果的推广应用，已经成为我们面临的另一个重要任务。

（一）"实境耦合"人才培养模式理论基本内涵

1．"实境耦合"人才培养模式的概念

实境耦合的人才培养模式，是按照党的教育方针，以经济建设为目标，以社会发展的趋势为准绳，立足于高职教育，以生产为中心，以服务为宗旨，培育高素质、高技能人才。教学中，教师要根据不同年级的特点和学情设计相应的教学活动，使每个同学都能在完成本阶段的教学任务的基础上获得新知识和提高能力。广义上，在特定制度环境中，实境耦合培养模式应运而生，为了达到高职教育的人才培养目标，立足社会多方合作，表现在学校与企（行）业两大主体相结合、面向实践的过程中，构建学习与实践工作动态融合的人才培养模式。它既包括了校内实训与校外就业相结合的方式，又涉及校企之间的深度融合和相互渗透。狭义上，实境耦合的人才培养模式，是职业院校与企业不断完善统筹规划之下的，依托实践过程，使学校与用人单位全方位融合，共同构建课程模式与教学模式，并且让学生得到报酬的顶岗实习培养方式。本书所指的实境耦合是指实境性的校企联合培养方式，即把企业作为一个整体来看待，让学生通过参与实际的生产活动，从而提高其综合素质，增强就业能力。"实境"耦合，指现实职业环境，职业情境，强调在现实中训教。其目的在于培养出具有良好职业道德素养、掌握职业技能技巧的高技能人才。不仅是高效组织教学和实训取得预期成效的工具，也是改革职业教育的起点。"耦合"就是把二者有机地融合起来。重点突出了校内外生产性实训基地的建设，营造现实职业环境，把企（职）业文化灌注到教学中，在管理与服务的各环节，通过系统化教学设计，发展学生综合素质能力。这就是高职院校"实境耦合"模式。所谓"耦合"，就是学院和企业的共同成长、互动双赢，协同发展。这种关系不仅体现了学校与社会各方面的相互依赖，而且也反映了人与社会的相互联系、相互影响。强调学校和社会各部门，学习主体和客体主动、互相促进的互动活动。这种互动过程不仅包括物质要素上的相互联系，也包括精神因素上的相互依赖和作用。耦合是需要找到和合作者共同的兴趣，形成良性互动关系，为适应当地区域性经济和社会发展需要。高等职业教育要在人才培养中突出应用性和职业性，必须坚持校企共建实训基地的办学模式。它不仅是实境得以达成的保障与路径，也是高职院校为区域经济服务的反映，服务辐射职业特点。

2. "实境耦合"人才培养模式的产生与发展

实境耦合人才培养模式的形成，经历了由校企耦合—教学外置—社区耦合—实境训教—实境耦合阶段，它的推行，走过了一条艰辛的探索之路。它是将教学与实训有机地融为一体，让学生在模拟职业岗位中完成知识技能训练，从而提高学生的职业技能水平，最终达到学以致用的目的。2000年，具有企业工作经验和奥地利访问经历的学者史忠健博士指出，传统方法如隔靴搔痒，无法造就实用型人才。因此，他提出"实境"这一概念并加以实践，着重探讨了人才培养模式的构建、如何使之和社会最先进生产力同步增长等，这些观点为高职院校开展教学改革提供了重要参考。体现高等职业教育特点，就要打破仿真教学实训的模式，通过和社会上的商业、行业合作办学等，提高与社会耦合度等，推行嵌入式教育。这种新的教学模式要求高职院校把学生从学校带到社会，让其通过参与生产活动获得技能训练，使之成为适应岗位需求的应用型人才。在这样的思路与做法的基础上，提出"教学外置与社区耦合等"人才培养模式。这种人才培养模式强调以学生为主体、以工作任务为驱动，注重校企之间的无缝对接，实现学校、企业、学生三位一体的良性运行。2006年青岛职业技术学院正在研究示范院校的《建设方案》、参考国内兄弟院校和发达国家职业技术教育的经验，在此基础上，正式建立"实境耦合"培养高技能人才的模式，也就是学院把教和训这一最优过程放在一个现实的职业环境下，放在与企业和行业的关系之中、在政府与其他社会人才应用系统的持久优化的相互作用下，造就高技能人才。经过近五年来的探索研究和实践运行，该人才培养模式取得了显著成效。"实境耦合"人才培养模式集中体现学院"教学＆学以致用"、开放办学、多元办学、大师资、大实训馆办学理念及为地方经济、社会服务宗旨。经过几年来的实践探索，这种教学模式得到了各级领导以及社会各界的充分肯定。当前以实境耦合人才培养模式为指导，每个专业都形成了具有自身特色的人才培养方案，引领着新一轮教育教学改革。

（二）"实境耦合"人才培养模式特点

"实境耦合"的人才培养模式不仅是校企合作的创新模式，体现了工学结合的特色，也是建构主义学习观、情境学习理论等观念的传承与发展。目前我国高等职业教育还没有真正形成一种有效的校企合作机制，一切都在摸索过程中。"实境耦合"的人才培养模式的主要特征如下。

1. 强调多主体结合，具有开放和实践性

实境耦合，即多主体组合，也就是政府—产业—学校—企业等多方有机结合凸显学校与企业两大操作主体。通过学校与企业联合参与教学和管理，建立健全制度，组织和运行环境，实现互利互惠、合作双赢，取得最好成效。实境耦合，即过程组合，将理论知识学习过程与实际工作过程相结合。过程结合的动态性表现为培养目标和用人标准的和谐统一，专业设置和企业需求协调一致，技能训练和岗位要求的配合。所谓实境耦合，就是高职院校与外在耦合对象发生共振，达到最优，相互作用，相互促进；就是若干组织之间既相对独立，又互相促进的和谐关系。实境耦合，即驾驭实境，与嵌入式不同，后者是校企融为一体的意思，容易使二者的职能出现错位；耦合又不同于校企无缝对接，零距离对接，后者没有体现出校企融合共生，不能达到互动与共振的目的。实境耦合人才培养模式有其实践性。就教育实践而言，它是一种将理论知识学习和实践工作结合在一起，以校企合作为表现方式的教育形式；学生通过真实的实践环境，获得实践技能，培育与产业接轨的人才，符合企业与社会需要，同时具有良好的职业理想和职业道德，综合素质强，具有实践能力和创新精神等特点。

2. 实践规范，具有操作性

实境耦合更加强调学生在真实环境中的实训与教学活动。使专业链与产业链深度结合，同时将教学链与服务链进行深度融合；人才培养目标对接行业人才规格，人才培养的过程是和产业工作的过程对接，教学内容上对接职业标准，实训条件和环境与产业条件和环境相对接。形成教学做一体的局面，以工作过程为导向，以任务驱动为准绳，以情景化教学模式开展等。让学生以多元方式投入到现实工作环境的工作过程中，完成典型任务，并在完成任务的过程中，与师傅、伙伴们在同化和顺化之间维持动态平衡，逐渐完成由新手到职业领域行家里手的身份转化过程，获取现实岗位和未来发展所需的知识、态度以及相关技能。

3. 目标具体，具有现实性

耦合需要高职院校找到和合作企业共同的利益，形成良性互动关系，适应当地区域性经济和社会发展需要。在"互联网＋教育"背景下，高职院校要以校企合作为切入点，构建基于实境耦合的现代学徒制人才培养模式。学院同企业一起，给学生搭建实训平台，嵌入知识单元。根据不同层次、任务和岗位设置相应模块，使课程之间相互联系、相互配合，从而提高教学质量，并提供工作必备知识能力的支架，企业按照阶段和重点工作环节开展培训。校企合作有利于培养出符合岗位需求的应用型人才。学校及企业指导学生，促使学生主动地去发现，去解决问题，目标更具体。校企合作搭建平台，以项目驱动方式开展实训教学，提高了教学质量。它不仅是实境得以达成的保障与路径，也是高职院校为区域经济服务的反映，服务辐射职业特点。实境耦合模式全面改革与运用实施，使学院的办学理念得以落实，使高职院校的培养模式与管理机制得到全方位创新。

4. 提升工学结合，具有广泛性

工学结合是在产学研合作和产教结合的基础上发展起来的一种教育模式。

工学交替与半工半读为工学结合的基本形式，多数用于职业教育当中。工学交替与半工半读也就是学生的工作与理论学习的交替，概念只有一个主体，那就是学生。因此工学交替与半工半读都是单主体的概念，它们虽与教育、生产劳动的结合有着同一性，却只有一层意思，也就是把生产或者劳动和学习结合起来，没有包含对象结合这一含义。实境耦合要突出高职教育对高技能人才培养的重视，结合两种不同的教育环境与教育资源，采用情境教学和学生参与实践相结合的方式，以培养出适应不同用人单位的应用型人才为目的的一种教育模式。一方面，这一模式强调高等职业教育教学最优过程应处于现实职业环境之中，或者说是建立在现实职业环境的前提与基础之上，并强调指出，这一进程的最优化应是在生存环境和服务主体之间连续的、系统的、交互影响耦合的状态下产生的。

（三）"实境耦合"人才培养模式框架

实境耦合人才培养模式框架分为基本要素、管理模式、运行机制三部分。

1. 实境耦合人才培养模式基本要素

在模式构成中，实境耦合人才培养模式的基本要素处于核心地位，主要是培养目标、培养的内容与方法。该模式构建要遵循"突出专业特色，强化技能训练，注重综合素质"等原则。总的目标是面向就业，适应社会经济的需要，培养具有良好职业道德的高技能人才；在专业设置上体现高职教育特色，突出"双师结构"要求。特定的目标是培育与产业需求相符的人才，企业及社会所需的实践能力强、理论素养高的高技能人才。其基本要求是突出职业技能培训特色，注重对专业技能的训练，使之成为一种"能做事"的技能。培养内容围绕典型工作任务教学化加工有关专业知识，结合专业的工作经验，综合职业能力发展。课程设置主要由基础技能模块、专业技能模块和创新能力模块构成。综合能力由相关专业能力、职业工作方法能力与社会能力构成，三个方面协调发展，塑造与专业对应的专业品格。通过构建理论—实践一体化教学模式来实现这一人才培养模式。做到培养内容既有针对性，又有适应性；既可以为目前的职业需要服务，又可以适应终身学习。本书从分析我国高等职业教育培养目标出发，探讨了高职人才培养模式改革中对人才综合素质培养的思路。综合职业能力是一种专业能力，也是一种关键能力。专业能力就是与职业岗位相适应的本领，是担任岗位技术人员所必须具备的技能；职业工作的方法是在具体工作岗位上进行实践活动时能够熟练运用的技能和技巧。职业岗位关键能力、迁移能力，是学生适应社会发展和技术进步的能力，是岗位变换和创业发展所需的技能。高职教育中的综合职业能力包括职业道德素质、职业技能、知识与技能三个方面的内涵。主要是处理好人际关系、解题能力强、心理承受能力强、组织管理能力与发展创新能力的关系等。培养方法采用系统设计、整体构建的方法，面向作用过程，通过多元途径（顶岗实训和社团活动），按照实境训教，校企共育人才。校企耦合中让企业介入教学过程，一起落实教学；通过学校与社会合作建立校外基地进行顶岗实习。为了增强动手能力、解决问题，勇于创新，学生须切实参与到生产、练习与顶岗实习中去。

2. 实境耦合人才培养模式实施框架

实境耦合人才培养模式从三个层面实施（图4-3-1）。

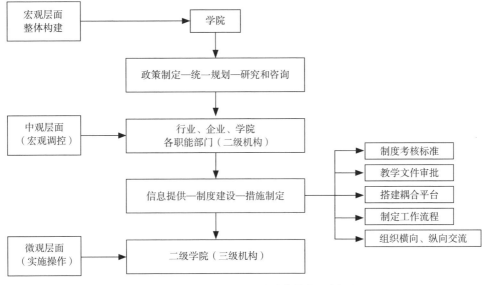

图 4-3-1 "实境耦合"人才培养模式实施框架

第一层面是宏观层面（决策层或理念层），提出了"实境耦合"人才培养模式的引领与统一规划建设，从社会、经济发展需要来看，对模式运行进行监测反馈，对模式理论进行实践研究，制定有关政策和规定，制定合理资金管理与使用政策，加大内外宣传力度，营造良好的社会氛围，为"实境耦合"培养模式的推行提供政策倾斜和有力的经费支持。它在实践教学中具有重要意义。第二层面是中观层面（管理层或制度层），是"实境耦合"的支配与规范，借助合作企（行）业自身优势，根据企业及高职院校发展的需要，建立相关制度和政策措施，为实践提供真实数据，促进企业与学校之间的沟通，为"实境耦合"培养模式的建立提供了便利的资讯及环境交流系统。同时在此基础上，建立完善的运行机制，保证"实境耦合"培养工作顺利实施。第三层面是微观层面（操作层或执行层），也就是二级学院与合作企业之间开展"实境耦合"实际操作。通过校企合作办学，建立起一个以"双元制"为主线，以专业群建设为基础，以职业能力训练体系构建为重点的教学组织形式。运作的核心在于制订具体人才培养方案，主要内容有：培养目标、培养方案、模式类型、教学计划、课程标准、师资配备、课程设置、课程编排、教材编写、教学方法、评价考核、实习就业安排及其他细则，运行过程体现了学校与企业双主体融合、企业教师与学校教师双重师资相结合、课堂与现场双重场所相结合、课堂学习与现场学习双重过程相结合等特点。

3. 实境耦合人才培养模式运行机制

高职院校和企业、政府、其他机构充分耦合，营造出一个校内外训教实境，在专业设置和人才培养方面形成符合社会和企业人才需求的模式，发展和建立相耦合、相互作用的机制。在职业教育中，应坚持以服务为宗旨、以就业为导向、走产学研一体化之路。通过学校与企业联合办学、共同培养人才、合作开发课程、共同管理等方式，构建高效的校企合作机制，营造职业化育人环境。对教学实训、顶岗实习进行了系统规划设计，工学结合及其他环节实施步骤，形成科学、规范的实施文件。坚持以职业能力本位为主线，突出实践教学的核心地位，探索"双师型"教师队伍建设和课程体系开发的有效途径。以确保训教成效，提高人才培养质量为重点，推进人才培养模式改革，加强岗位技能培养，提升学生的综合素质，将持续发展能力的培养和毕业生的三证相结合。坚持以职业活动为主线，以实境训教为抓手，全面推进实践教学改革。实境耦合人才培养模式，对高职教育基于实境这一思想进行了理论解读，创新学校与社会人才应用系统的耦合培养模式及运行机制，确立实境训教五基流程和三化标准，为不断深化高职人才培养模式的改革奠定基础。

二、"实境耦合"模式教学过程

人才的培养主要是通过教学过程来实现的，"实境"和"耦合"理所当然地就成了教学工作的总体指导思想。在职业教育中，应坚持以服务为宗旨、以就业为导向、走产学研一体化之路。不断地探索和积累工作经验，但是，教学过程必须要严谨，它在学校工作中处于中心地位，是达到教育目的的主要渠道，应当而且必须具有较为完整的教学论理论作指导。改革教学新模式，要提高到教学论这一科学理论层次上加以研究，加以论证，以更具普适性，推广性。教学过程具有客观规律，为了让改革脚步更坚实，探索意义更为深远，有必要吸取以往理论研究中的方法与成就，规范并归纳教学改革的实质及规律。

（1）在"实境"和"耦合"两种相互结合模式的教学过程中，要全面提高学生的职业素质，正确地处理好学生个性的充分发展和为了就业而进行的技能训练之间的关系。

作为一所职业院校，应当以帮助学生就业为宗旨办学，这也是由职业院校的性质所决定的，是职业院校存在与发展的需要。就业是对职业院校办学质量最为直接，最为有效的考验，更是最为实际的准则。不同于其他高等院校，职业院校是为培育社会第一线应用型人才服务，只有结合社会培育、经济发展对人才的迫切需要，使学生们毕业后可以找到一个适合自己的工作，培养出社会和企业需要的应用性人才，才是合格的高质素职业教育。高等职业院校要达到这一目的，便不可避免地需要向学生强调岗位（群）技能培养，为了顺利进入职业岗位（群）的角色，达到平稳就业的目的，学生要熟练掌握在特定岗位上须具备的操作技能。职业教育之"职业"，势必需要强调动手技能的培养。

另一方面是技术的进步，生产与服务第一线岗位（群）对于从业人员技能的要求一直在不断地发生变化，一些简单而又反复的动作，极有可能不久就由机器来代替。所以说在当前经济高速增长，就业形势严峻的情况下，培养高素质技能型人才已成为社会普遍关注的话题。这就给高职教育带来了无法回避的课题，人才培养的过程，绝对不只是培养学生的"动手"能力，更要靠技能训练的方式培养学生的职业能力，即技能内化于能力。因此，在培养学生专业技能时必须重视能力的培养。能力，是一个人性格中不可分割的组成部分。在现代社会里，任何一种职业技能都不可能孤立存在，而必须与其他相关知识相互联系和相互作用才能发挥出应有的作用。高等职业教育之"高等"含义，正因为它的教育目的一定在特定操作技能训练之上。

职业教育作为一种社会活动，它担负培育学生的重要职责。没有就业就没有职业学校存在的意义。这就要求我们必须树立正确的质量观和价值观，坚持以人为本，注重人才培养质量。高职教育更应该以推动人的全面发展为根本宗旨。所以，职业教育应该成为培养和造就未来社会所需要的具有良好职业道德和专业技能素质人才的重要途径。我们的宗旨一定要定格为"培养人"这一基本宗旨，职业教育是一个适龄青年"职业化"进程的完成，这一过程就是青年"社会化"，是将自然人变成职业人的过程。因此，"人"是实现这一最终目标的关键要素和前提保障。从教育的过程来看，通过知识传授、技能训练、心理辅导、思想品德教育等方式来培养学生的职业行为习惯，让其内化成为一种职业品格，将职业技能内化于职业能力之中，为学生专业的可持续发展打下基础，是促进学生个性全面发展的需要。推动人的全面发展，是"教育"的精髓所在。

通过校企合作等形式与相关部门建立有效沟通机制，形成合力，共同推动实境耦合培养工作的开展。教育目的的取向确定了学校的办学路线与指导思想。在教育教学过程中，要重视学生的全面发展，为学生的终身从业打好"心灵"基础，强化技能训练，为学生创造直接就业条件。从宏观层面看，两者相互联系、相互促进，共同构成了人才培养目标体系。两者在性质上是相同的，终身从业与毕业时直接就业并不冲突，职业能力的综合发展包括岗位能力的培养，技能可以转化成职业能力，从而最终成为性格的一部分；反之，如果没有掌握必要的知识和技术，即使具备了一定的专业知识和职业技能也无法发挥应有作用。在具体做法上，两者又有斗争性，合理地安排教学过程，两个方面的需求都要满足，这是高等教育相关人员必须正视并解决好的问题。

将高职院校中的学生都培养成为具有较高技能的人才，在未来工作中统统成绩斐然是不切实际的。所以说，高等职业技术院校的人才培养必须明确其培养目标。培养目标应具有不同层次的水平，训练他们具备一个职位需要具备的能力，能顺利就业、自立，这是培养目标的最低标准，也是我国高职教育培养人才的底线；把大部分学生培养成具有一定专业水平和实践能力，并为所从事职业奋斗终身的技术专家，则是我们的最高目标。将大部分同学，培育成奋斗在第一线工作的技术骨干或者第一线管理人员，成为优秀员工，获得同行们的肯定，成为企业骨干力量，这是高等职业技术院校人才培养的中层目标，更是我们追求的首要目标；把大部分学生培养成具有较强专业实践能力的高技能专门人才，为我国现代化建设做出贡献，这同样可以是高职教育的最高目标。将部分优秀同学培养成为经济发展的管理者和开拓者，这同样应该成为高职教育培养人才的高层次目标。为了达到这个目标，须要教师对教学内容有一个科学有效的设计。从总体上掌握教学深度与难度，同时，针对不同同学的特殊情况，教学要突出重点，这样才能达到高职教育的目的。

（2）在"实境"和"耦合"两种模式的教学过程中，要整合校内校外的教学资源，在发展学生职业素养的过程中，妥善处理好院内教学和院外教学之间的关系。

所有的真知都是在作品中诞生，拿粉笔说制作，利用书本讲服务，课堂上谈营销，这种"隔靴搔痒"的做法行不通。高职教育应该为地方经济发展提供技术支撑和人才保障。突破传统"象牙塔"模式势在必行。让学生在课堂之外有机会参与生产实践，在实践中学习知识、提高能力、掌握方法。通过对"实境""耦合"的人才培养模式的过程进行不断的探索与实践，我们会发现，该培养模式必须设置院外实训基地，探索和知名大企业共同办学、共同培养的模式经验，设置专业方向，积极倡导教学走出课堂、走向生产，成为第一线"实境"教学服务，促使教学过程和生产过程相互耦合，推动学院和社区耦合发展。就校企合作而言，得到了有说服力的结果，被各级政府和社会普遍接受。下面探讨"实境"和"耦合"教学模式实施中应注意的几个问题，并提出一些建议。"实境"和"耦合"的作用，就是将高等职业技术教育教和学的过程从传统、封闭高职院校教育场景中释放，将实践模块转换到校园课堂之外的现实社会环境中，借助教学、实训的嵌入式胶合方式，模拟式和仿真式结合无法适应现实社会经济发展对于高素质技术应用性人才培养的要求。

在此有必要考虑一下，一味追求真实性是不是最恰当的教学方法？如何才能让教师和学生在最适宜的环境中进行学习，从而达到最好的教学效果呢？教学中最合适的环境在哪里？在市场经济条件下，学校教育面临着严峻的挑战。它要求我们正确处理校内和校外之间的关系。我们认为，高职院校应该把培养学生职业能力放在重要地位。既要向企业进军、向一线发展，同时还要确保基本知识、技能及文化素质的全面提高。为此，我们开发了课程实践一体化的教学模式。这就需要在不同的教学阶段，选取最合适的教学场景与教学媒体融入书本、音像和其他间接材料，尤其在"实境"这个层面上直接提供教学资源，满足学生心理发展对人才的客观要求，教学与实训循序渐进，最终达到学生"职业化"。

通常情况下，学校内部教学主要是理论知识传授，包括提高文化修养、重视基本技能训练、促进职业心理定向等方面，提升学生人文修养水平、教授必备理论知识、培养他们从事专业工作的基础技能对专业活动是十分重要的，在学习活动开展之前做好职业心理定向工作，要培养出一个合格的技术人才离不开教学与实训，校外顶岗实习也是必不可少的；同时，在顶岗实习中通过实践来巩固知识和培养职业技能，并使之升华为一种素质。职业教育因其本质特点所决定，理论课程针对职业能力，以"够用"为标准，校内实训侧重于生产性实训。因此，在高职院校的实践中，理论与实际相结合的内容应更加突出实践性，并贯穿于整个实践过程之中。它需要理论课的重新组合与融合，详略得当，校内技能训练仍要以基本技能为主，扎实培训，实现高层次自动化。

校外教学就是要使学生对企业环境有一个真切的体验，体验企业文化，熟悉企业的管理方式、工作方式，培训岗位技能，实现学生向准员工过渡，进而向员工角色转变。这就是职业学校的主要任务之一，即通过实践活动使学生掌握职业技能。基于职业教育特点，要求学生一定要重视技巧，于"实境"中去理解、去感悟、去体验，在持续的"工作"和"学习"过程中，增强职业认识，发展职业情感，锻炼意志，塑造职业品格，培养职业能力，这一过程建立在学校内部教学的前提与基础之上，尤其需要依托校内实训。因此，要想使学生掌握扎实的职业技能就必须加强校内实习，同时到校外进行实训。在实习期间，如有必要，还需辅以理论支持。所以，要使学生能够适应社会的需求，就必须把理论与实际结合起来，这样才能收到预期效果。通常情况下，实训贯穿于学生学习的始终，教学初始主要进行理论教学，中间采用校内实训，实践教学主要是通过实验进行，尤其以校内生产性实训为主要形式，最后进行校外实训，增大实习比重，优先利用顶岗实习达到就业目的。

教学实践的设计、组织由教师来完成。在教学过程中教师起导向作用。要使课堂教学效果达到理想状态，就需要教师在备课时对课程有一个总体把握，并通过自己的思考与努力把它落实到位。由校内备战逐渐走向校外，让学生走"职业化"道路，回到学校之后总结反思、弥补不足、改进提高，准备好下一次的"外置"，如此周而复始，不断完善，才能形成一个完整的教学过程。这就是高职院校的办学理念，即培养什么样的人，如何培养人才的问题。高职教育突破了传统闭门式教育，这是高职教育发展到一定阶段的需要，但是，高职教育终究是一种学校教育，要确保它在教育教学中具有基础性、普适性，为学生的职业生涯打下基础。高职院校要培养出社会需要的高技能人才，就必须加强校内与校外的衔接，建立校内外一体化育人模式。校内校外的教学应是互为补充、互相促进的有机整体。

（3）在"实境"和"耦合"两种模式的教学过程中，学生接受校内外老师的指导与辅导，培养职业能力，塑造职业品格，提升职业素质。

在任何学校教育中，最为积极的要素仍旧是人，包括教师与学生。学校的一切活动最终都要落实在教师和学生身上。可以这样说，学校本体不在书，不在器材，也不在场所，而是教师与学生。

任何学校的教育，都应该是学生的教育，现代教育的最显著特征是强调学生的主体地位。教师只有把学生看作学习活动中的主人，才能使自己的教学活动具有针对性、有效性。以学生为主体进行学习，在教育目的的达成过程中，以学生为内因的所有教学手段与策略，都要学生自己去领会、去实践、去思索，这样才能将感悟化为学生自己的才能与性格。因此，在职业教育中培养学生的自主学习意识和能力至关重要。在职业教育教学过程中，更重要的就是学生的学与练，要让学生去体验、去感悟、去内化。职业教育的主要任务之一就在于培养具有综合素质和职业技能的人才。职业教育教学过程中，学生们掌握知识、训练技能、发展能力，情感与行为方式形成的过程就是情感经验的过程，体验并践行职业岗位。因此，要想使高职院校培养出高素质技能型人才，就必须从"以人为本"出发，注重对学生个性品质、创新能力、创新精神等方面的有效指导。学生是主体，促进学生的全面发展，倡导自主探索、经历和历练，是达到职业教育人才培养目标的最好方法。

教师对教学过程的指导，正是学生完成这一过程所必须具备的条件。教师在教学中应精选、整合教学内容，在学习方法上对学生加以引导，科学设计教学过程，讲授必要的理论知识，培养学生的基本技能，合理安排教学活动，对学生的学习质量进行调控与评估。教师在教学中应充分发挥自己的主导作用。学生主体的发展过程并非自发进行，而是要有教师的指导。因此，教师必须具备良好的职业素养和较强的业务能力。高等职业学校教师队伍，具有与一般大学不同的特征，即注重实践教学，主要是培养第一线的"实用"人才，在它的组成结构中，还应该将教师分为理论教师和实践教师，企业的技术人才需要大量地引进，建设"双师"素质和"双师"结构，还需要大量来自企业的兼职教师。在这样的师资队伍中，既包含专业技术人员，又包含管理干部。教育教学目标的实现，必须靠专业班子的带领。

高职教师须走出校园，认识并体验企业生产与服务中的现实场景，才能够在高职教学中真正实现其使命，在第一线培训技能人才。目前在我国高等职业技术院校中普遍存在着"双师型"教师队伍建设薄弱的情况，而校企合作则为解决这一问题提供了一条可行途径。利用校外资源，大量聘用企业兼职教师承担学生技能实训、实习课程教学工作，弥补实践教学中师资不足，这是高职教育的重点问题。在校企合作过程中，由于双方认识程度不同、利益分配不均等原因产生了很多矛盾和纠纷，影响着校企合作的正常开展。怎样处理好校内教师和兼职教师的关系，更是人们关注的焦点，如果一味地依赖企业，就会出现很多问题，甚至导致整个学校的衰败。从根本上说，一个学校的发展全靠合作方，这个想法是错误的。校企双方都需要在相互尊重中寻找各自合适的位置和角色，找到平衡关系点才能够使双方利益达到双赢或多赢。重视校内教师的同时寻求企业合作，才是更合适的方法。这不仅是因为它能解决师资不足的矛盾，而且还可以提高教学质量。作为管理者，尤其是教学管理者，应充分认识到教师的重要性，由于管理者自己的职业也是教师，对广大一线教师应该给予足够的信任，和广大教师之间要有一种割舍不下的情感，以获得一线教师的信赖与支持，这样才能激发其工作的积极性和创造性，团结企业兼职教师和校内指导教师，共同合作，以达到高技能人才培养的目的。

三、"实境耦合"模式的教学模式

高职教育教学改革，包括课程体系、教学内容、教学目标、教学方法、教学评价等方面，还有其他教学流程环节，涉及师资和实训条件等教学资源综合改革。

（一）教学流程再造观点的理论依据

在"实境耦合"的人才培养方式中，讨论了新的教学流程结构，其逻辑起点为职业需求，同时应综合学工交替过程设计及校企结合评鉴的理论与经验。

1. 职业需求的逻辑起点

高职教育是为职业工作服务的，高职教育是以培养直接参与职业活动的高端技能型人才为目的，这反映出高职教育本身的本质诉求，也决定着职业教育价值指向与高职教学流程需求。职业岗位需要与学生学习能力匹配的技能课程，而传统教学设计往往忽略学生的真实就业状况以及企业对人才需求的变化，导致人才培养质量不高。因此，职业需求构成了教学流程再创建的逻辑出发点。高职院校在实施教学改革时，要把满足学生发展需要作为出发点，结合职业岗位实际情况来构建新的课程结构体系，重构人才培养方案和教学计划，改革教学模式，创新教学管理体制。高职教育的专业设置、课程体系、教学内容、教学方法与模式、教学组织管理方式、整合教学资源等方面都必须立足于专业的现实。同时，职业需要与人才培养之间具有一定的关联性，所以开展高职教学流程改革应立足于职业需求。职业是高职院校专业课程建设与教学的逻辑起点，高职院校应向产业纵深发展，企业应开展人才需求、人才规格等调查，了解各行业员工职业生涯发展特征，找准高职教育人才培养定位与水平，明确目标工作岗位的典型性，并且对于该职位的任务流程进行剖析，用它来调整教学内容与组合方式，根据目标工作岗位的工作特点，设计教学过程与模式。

应彰显职业需求对高职教学设计的基础性作用，需要深入开展校企合作。企业是学校教育与学生就业的主要载体，而地方政府和行业协会则为高职院校所服务。高职院校结合地方社会经济发展情况，有针对性地进行研究，合理调整专业布局。

专业设置应积极主动地与企业开展深入而广泛的协作，通过校企双方的各种形式进行多层次配合，认识熟悉企业人才需求特征，宣扬企业人力资源管理的理念，依据企业对人才的实际需求，制定专业培养目标和培养规格，把就业作为考查的标准，提升人才培养质量。

2. 学工交替的过程设计

要达到高职教育人才培养目标，在教学流程上应强调实践教学，要满足"实境"环境要求、实行"耦合"运行模式，最根本的表现在于学工交替教学设计，也就是学生学习活动和实践活动的交替过程，保障课堂教学中所传授的理论知识与技能在实践中的及时运用，并且达到内化与巩固的目的，这样学生才能更好地解决在实践中碰到的实际问题，才能够及时获得理论上的认识与支持，促使学生在职业思维能力、职业操作能力等方面得到同步提升。

学工交替在学校内部表现为课堂教学和技能实训过程的交替，校内课堂上老师讲授专业理论知识，系统地讲授与职业活动有关的基本原理，以期提升学生的职业知识水平与职业思维能力。从本质来说，这种方法就是把理论教学作为主要手段来实现人才培养目标，而不是将其当作一种职业技能培训方式。在高职教育理论教学中，就知识的逻辑性、严密性、系统性而言，不一定要有太高的要求，基本原理的含义及其应用性理解是理论教学中的一个重点；专业技能则主要是指操作技术，其实践性较强。在学校内部实践方面，以基本操作技能培养为主，对综合性工作技能而言，在校期间可以开展分解式阶段培训，最后通过模拟任务，提升综合技能，打好校外顶岗实习的基础。

学工交替表现为顶岗实习，以学生具备一定的职业理论知识与职业技能为前提，去企业接受"实境"培训，从事实际职业活动，完成职业工作的实际任务。通过顶岗培训能够使大学生了解社会、熟悉岗位、培养技能。顶岗学习关键在于提供切实提升学生实践能力的典型岗位。

3. 校企结合的综合评鉴

对高职学生的学习结果进行最后测试，使其达到顺利就业的目的，能够胜任持续稳定的工作岗位，为职业生涯持续发展提供基本条件。因此，在职业教育中必须重视对高职学生学习结果进行全面、系统、科学地考查与评定。对学生成绩进行检验与考核，要体现校企双方共同参与考核与认定。

学校是对学生在学校学习活动的成果进行评估的主持者，一方面，学校承担理论课程知识性评价工作，也就是对学生的理论知识、基本技能等方面进行检验和评定；另一方面，学校也承担着校企双方实践课程教师的组织工作，联合考核学生职业技能与实践类课程；此外，学校还要委托企业评估学生在顶岗实习中的成绩。

评价学生，要将原则性和灵活性相结合，学校和企业对考核的作用各有偏重，既要分工明确，也要重视合作，从课程的具体内容出发，结合实际，进行课程考核评价方案的全面开发，对学生进行客观、公正的评价。通过顶岗培训能够使大学生了解社会、熟悉岗位、培养技能。评价时强调过程评价和结果评价的结合，将定性评价和定量评价结合起来、将教育性评价和甄别性评价结合起来、将相对标准和绝对标准结合起来。

（二）教学流程再造基本原则

教学流程再造在基于职业需求、学工交替过程设计、校企结合综合评鉴的理论与经验上，必须坚持学习过程工作化、工作过程学习化、实习与就业一体化等基本原理，反映出职业教育教学过程的规律。

1. 学习过程工作化

在教学过程中，学生是主体，要切实达到教学目标，关键是要让学生高效地学习。因此，研究如何促进学生有效学习就成为当前职业教育教学改革的一个重要课题。职业教育应达到提升学生职业能力的目的，核心问题在于如何学会解决职业活动中的实际问题，履行职业工作任务，为了达到这一目标，除具备相应专业理论知识与基本技能、技巧之外，更关键的是对职业劳动产生情境性、经验性认识，也就是在陈述性认识之外，还要拥有操作性强的知识。只有具备了一定的操作经验，才能进行正确的行为实践。这些经验性、操作性知识，无法用语言传达，一定要在专业行为中去感悟、去获得。在德国以工作过程为中心的理论中，重点强调对工作过程的认识，并融合上述两种类型的知识，通过职业行为的习得能够完成任务迁移。工作过程导向理论要求教师不仅要教专业知识，更要教给学生解决问题的方法。从而达到提升职业能力的目的，必须在工作中学习如何工作，也就是学习过程的工作化。

学习过程的工作化，可以直接反映到课程上，按照职业成长规律，处于不同的学习阶段，选择不同的典型工作任务，并且根据与典型工作任务有关的知识内容，编排设计课程结构。不断提升任务层次，完成对职业活动的全面了解以及技能系统的心理构建，在学习过程中获得各个方面的有机成长。通过对专业课程进行研究，提出了基于学习过程工作化理论的教学改革思路及实施策略，以达到培养具有良好职业技能的应用型人才的目的。学习过程的工作化需要教学媒体工具，包括教材、音像资料和实训场所，这些元素立体地提供了学生学习所需的资料与环境资源，促使学生置身于职业化环境之中，积极进行工作中的学习活动，以完成学业。

2. 工作过程学习化

在对学生进行"学工交替"的工艺设计时，对于"工作"部分，应以反映学习要求来进行设计。在工作环境安排上，工作组织与管理、工作内容的选取与考核，都以反映真实工作情境与过程特征为前提，应该给学生创造比较有利的学习条件，反映学习的本质与宗旨，它以促进学生掌握劳动技能为中心目的，消除目标的异化，减轻过度的功利化。

教学计划中布置的任务具有实习性，为实现学习目标而努力，应具备的条件如下：一是工作任务内容要经过认真筛选，能够反映教学计划、课程结构等立意，与典型的工作任务相一致；二是要有一定数量的可操作的具体项目和要求，能够为学生完成相应的职业训练提供保障。另外，教学计划中布置的任务，要彰显校企合作目的，体现专、兼职师资之间的有效配合；在教学计划中布置任务，应主要依靠学校，要符合学校的育人要求，实际操作中可能是由企业方管理日常工作，但是，就总体而言，这一过程属于学习过程，要按照人才的教育规律进行培养。

教学计划的工作部分，在整个专业教育中占有重要地位，是从学生向职业人过渡的关键环节，也就是职业教育教学过程中的中心环节。因此在高职院校人才培养模式改革的今天，对教学计划进行必要的调整和修改就显得非常重要了。在此，我们不仅需要改变传统的以课堂为主的教学模式，还应避免工作环节在教学中所占比重太大，以实践教学取代所有专业教学会导致理论基础薄弱，缺乏职业思维，职业生涯发展缺乏后劲。

3. 实习与就业一体化

学习期间的劳动实习，即以实践教学为主，既有校内基本技能训练，又有校外基地顶岗实习。学校教育阶段是以理论课程为主，而毕业后的就业方向主要为生产第一线，因此必须加强实践性教学环节的培养，使其综合技能达到较高的水平。通常校外实习活动都是在实际职业岗位上进行的，是同学们进入职场之前的最后一个学习环节，综合应用已学过的知识与技能，在职业工作中解决实际问题，其特征表现为在有限保障中进行职业实践，所从事的工作和完成的任务与职业完全一样，区别在于做实习生，企业方和院校方都将提供相应的保障。

顶岗实习以就业为终极目的，从学生发展角度出发，在学校课业中处于最后阶段，是步入职场的准备阶段，更是对学生现实职业能力进行考查的一种有效手段，能够以实习的方式胜任职业岗位工作，表明该生具有职业从业的资格，通过一定的选拔程序后，即可达到就业目的，这是校企合作下，高职教育顶岗实习环节真正的功能体现。因此，要想提高学生的综合素质和实践能力，必须实现实习与就业一体化。

实习与就业一体化，这是校企合作取得成功的一个重要标志。校企合作最基本的动因在于人才供需矛盾，企业在与院校的合作中，使人力资源不断得到补充，从而达到人力再生产，院校又通过和企业的合作，不断校正培养过程，通过学生的顺利就业，反映出院校培养工作所取得的成绩。

（三）教学过程结构重新构建的内容

教学过程首先是教学目标的确立，明确课程体系，精选教学内容，设计教学方式与手段，最后，对学生的学习成果进行考核评价，它是由教学过程中必须完成的各个环节构成的一个体系。目前我国高职教育还存在着课程设置与实际脱节等问题，这就要求我们在教学改革中首先要解决这个矛盾。教学过程结构的再构建，是针对高职教育性质与宗旨而言的，教学过程结构重构是在一定理论指导下，对教学活动中的各个要素关系进行调整与组合。不仅在理论上具有逻辑推论，更是对实践经验的归纳与总结。

1. 基于职业能力的教学目标

高职教育是以学生掌握专业技能为目的，集中反映为职业能力发展。首先对职业基本理论知识进行研究，能够增强学生在今后职业活动过程中，理论对于行为的指导性。在理论的指导下，职业活动将减少盲目性，反思职业实践是获得职业生涯积累与晋升的关键所在；同时还要进行一定数量的职业技能训练内容，这些都是职业发展所需要的基本知识和技术技能。其次，这一目标还含有职业工作基本技能实践，能胜任职业任务所必需的条件，是进行职业活动所必须具备的要求。从这个意义上说，专业技能和问题思考都属于职业素质的范畴，并以操作技能为基础，以问题思考为核心，独立完成自己的职业任务，综合运用理论知识与技能方法，这是一种职业能力。

设计高职教育教学过程，应以职业能力为本位，反映出教学的目的是否符合职业岗位要求，这是指导教学过程中其他部分的基本原则，更是对其他教学环节的一种考验，为整合教学资源、精心设计教学过程、设计教学效果考核评价提供了依据。通过对高等职业院校学生进行调查研究和分析发现，教学过程设计不仅是一个技术问题，更是一项具有很强实践性的艺术。还应在教学的过程中对教学设计进行不断的修改，调控教学节奏，管理好教学进程。

2. 基于工作过程的课程体系

在高职教育教学过程中，以从业者在从事职业活动时完成使命为研究对象，教学最终结果表现为学生将来从事职业工作，目前我国高职教育还存在着课程设置与实际脱节等问题，这就要求我们在教学改革中首先要解决这个矛盾。就高职教育教学设计而言，把职场的工作过程作为教学设计的根本，把工作过程要求反映到教学过程，在高职教育教学过程中具有本质的属性。工作过程作为一种重要的教学方法被应用到了高职教育教学实践当中去，成为提高教学质量的关键。所谓的工作过程，是从业者在执行工作任务过程中所必须经历的一个重要环节，就是寄生在特定职业任务进程之中的内在心理结构，无论所做具体任务是什么内容、成果如何，达到目标的程序基本上是相同的。因此，工作过程与教学过程有很多相似之处。德国以工作过程为主线进行教学设计，其实质在于研究变化典型任务时，得到执行任何一项工作任务所必需的恒定工作过程结构。因此，我们可以认为，工作过程就是一种具有特定性质的、能够满足学习者需要的、有意义的行为方式或程序系统。这一过程，也就是关键能力发展的过程。它要求学习者通过对复杂工作情境的理解，形成与之相关的认知策略、知识体系和行为方式等方面的综合能力。关键在于达到可迁移职业悟性。

按照工作过程进行课程体系的设计是按照工作过程的流程进行的课程设计，传统的课程体系被颠覆，让学生在学习中不再遵循传统学科体系，取而代之的是以实际项目、案例为依据的课程体系等，学习针对性强，效果好，职业适应性也有很大提高。

3. 基于实际项目的教学内容

在高职教育教学过程中，必须达到发展关键能力的目的，还要养成过硬的职业能力，须借助"理论—实际"一体化教学设计，即在工作中学会工作，全过程的实质就是一个学习过程，但是，学习过程以劳动的形式呈现出来。因此，高职教育教学必须从学生自身发展出发，注重对他们的能力培养。"学习—劳动"内容要符合具体职业活动，了解社会职业和院校专业的对应关系，明确"学习—劳动"的内涵。

根据具体职业活动内容，选好教学内容，精心设计内容结构。一个特定职业总是有它不同于其他行业的任务，这是一项"典型的工作任务"，决定着这一专业之所以与其他专业不同的原因，是其内在质的规定性。因此，在教学中必须围绕着具体的职业来确定教学内容。与专业的任务相对应的知识和技能，是院校合理安排教学内容的依据基础。在具体教学过程中，必须把学生作为学习主体来看待，让他们通过参与真实的职业活动，掌握必要的专业知识与基本技能。结合专业实际工作任务，精心设计项目活动，也就是以实际职业项目为依托进行教学内容安排，就是要体现职业和专业的一致性，解决教学内容是否符合今后工作内容等核心问题。

就高职教学内容的设计而言，需要借助企业实际项目，首先，它有助于增强学生的学习积极性、主动性。其次，有助于相关教学内容与资源的融合，有利于多种教学方法的结合使用。传统课堂讲授也不例外，促进教学目标的实现，在教学过程中重在改善师生关系，体现学生在教学中的主体地位，能帮助提升学生的团队合作与协作能力，健全个性品质。

第四节 "校企共育能力递增"人才培养模式探索

高职教育人才培养模式改革，是推动技术技能型人才培养质量提升的动力。目前我国大多数高职院校都建立起以行业为依托的课程体系，形成了较为完整的办学体系。不论建设任何一种特色人才培养模式，它都不仅要切合高职院校本身服务所针对的行业发展现实，还需在专业人才培养实践中不断改进。近年来，职业院校坚持以市场为导向，突出行业特点，着力培养适应地方经济社会发展要求的应用型人才。应积极采用生产劳动与社会实践相结合的学习方式，以工学结合为重要切入点，改革高等职业教育人才培养模式，带动专业调整和建设，指导课程设置、教学内容与教学方法改革等方面，在教育理论研究的基础上，结合专业建设实践，建设富有区域特色的"校企共育、能力增长"的人才培养模式，既有学校特色，又有专业特色，促进专业人才培养质量提升，推动学校、企业、学生三方共赢。

一、"校企共育能力递增"人才培养模式的基本内涵

人才培养模式就是在教育理论与人才培养思想指导下建构起来的，并且经过人才培养实践考验，形成了人才培养结构框架和样式风格。目前我国大多数高职院校都建立起以行业为依托的课程体系，形成了较为完整的办学体系。人才培养模式涉及人才培养的目标、人才知识能力和素质结构等，以及为了实现人才培养目标的规格要求，采用了具体成熟的培养方式和方法。但基本构成要素主要表现为课程体系、师资队伍、教学内容、教学模式、培养过程、能力考核等几个方面的内容。

"校企共育能力增长"人才培养模式，是在实用主义教育理论与建构主义学习理论指导下建构起来的高职人才培养模式。它将企业、学校及学生作为一个整

体来考虑，使之形成有机结合、共同发展的动态系统。它的基本内涵是由下列内容构成的。

首先，"校企共育"是指以订单式校企合作为依托，高职院校和用人企业联合实施的一种面向企业订单的人才教育培养模式，是使能力培养和能力需求对接的一种行之有效的措施和途径。其次，"校企共学"是以就业为导向，通过校企双方在专业设置、课程体系改革、教学方法改进等方面的共同努力来完成人才培养目标的一种办学模式。"校企共育"表现为"七共"，即由学校和合作企业联合成立校企共育组织、联合制订人才培养方案、合作开发课程和教材、共建师资队伍、联合打造实践教学基地、一起落实培养过程、一起对学生的职业能力进行评估。另外，通过"校企共育，以校促企，以企带人"来提高高等职业教育服务区域经济社会发展的水平。开展校企共育，旨在促进教育教学改革，为区域产业、行业、企业一线培养"下得来，留得住，用得到"的技术技能型人才，保证其具有较强的职业能力、较高的综合素质，切实提高区域经济建设和发展对技术技能型人才培养的质量，实现共赢的模式。

其次，"能力递增"即学生职业能力由职业基本能力向职业核心能力和职业拓展能力递进式成长和发展，而且这种能力的递增以学生参与检验性职业资格考核鉴定中获取，从中级到高级的职业资格作为增长目标，它包括培养目标、课程设置、人才培养规格、教学计划、教学组织形式、教学管理方法、教学方法和手段、考核体系及质量保障体系等诸多基本要素。以机电一体化技术专业为例，他们的职业基本能力，主要是对工、夹、量的恰当选择，运用辅具、机械零件测绘和简单设计能力，识读机械、电气工程图纸等技能，普通机床及数控机床的编程及操作能力，机电一体化设备的操作能力，等等；其职业核心能力以典型机电设备安装、调试为主，机电设备的故障诊断和维修能力，典型的自动化生产线的安装、调试能力，电气控制线路的安装和调试能力，控制技术的应用能力，修改、调试、控制程序和对常用工控设备程序设计等能力；其职业技能则是指对一般机械设备或零部件进行维护保养以及对常见机电设备故障排除的技能。他们的职业拓展能力包括自动化控制系统的编程和调试能力，自动化生产线的故障诊断和维护能力，数控加工设备维护能力，车间生产组织和管理能力，机电产品的营销能力，方法能力和社会能力的培养，等等。在校企共育订单，合作培养企业人才，职业核心能力和职业拓展能力需根据特定用人企业岗位能力要求进行调整。

最后，"能力递增"以"校企共育"为根本保障。"校企共育"是指在人才培养过程中，企业发挥主导作用，学校起补充作用。"校企共育"是培养人才的一种举措和途径，"能力递增"作为人才培养的目的和结果。在此前提下，"校企共育，共同成长"才有可能实现。实行校企共育，着力确保订单人才职业核心能力的发展，保证人才培养和人才需求能力的衔接。

在培养特定企业订单人才方面，职业核心能力也将受到一定的重视，校企双方培养订单人才，职业核心能力是重点能力，若不把合作企业生产设备用作教学资源，无合作企业技术专家、一线能手实实在在地参与指导，就不具备订单人才职业核心能力成长的根基，很难实现订单人才的培养目标和规格要求，更无法做到订单人才职业能力按订单合作企业需求递进式成长和发展。

"校企共育能力递增"人才培养模式运行框架，如图 4-4-1 所示。

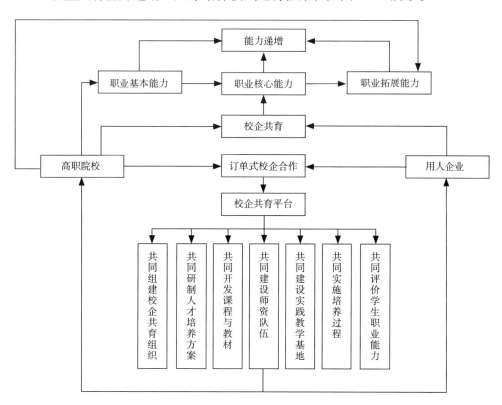

图 4-4-1 "校企共育能力递增"人才培养模式运行框架图

总之，我们知道，"校企共育能力增长"人才培养模式以订单式校企合作为基础，高职院校和用人企业联合实施，旨在推动企业订单人才对接性专业能力递进式成长和发展的高职人才培养途径，有区域性、对接性、实践性强的特点。这种新型人才培养模式不仅符合社会经济和行业发展对高素质技能型专业人才的需要，而且有利于提升学生的就业竞争力。其区域性表现为这种人才培养模式与当地区域企业相关专业人才需求相融合；它的对接性表现为这种人才培养模式通过校企双方进行订单式校企合作，建立校企共育平台，使能力培养和能力需求相联系；其实践性表现为这一人才培养模式在企业共育订单班有关专业中得到了具体落实，获得了培养实效。

二、"校企共育能力递增"人才培养模式的构成要素

人才培养模式的基本构成要素主要体现在课程体系、教学内容、师资队伍、培养过程、教学模式以及能力评价等几个方面。"校企共育能力递增"人才培养模式基本构成要素的显著特点在于其具有"共育性"。

（一）共育性课程体系

共育性课程体系建立在订单式校企合作基础之上，是学校和订单合作企业基于企业用人岗位职业能力要求而联合建设的课程体系。共育性体系的建立需要政府相关部门的政策支持，同时也要依靠企业自身努力。在课程体系构建上，以企业专家和学校专业骨干教师为主体，校企共育组织会员深度进入订单合作企业用人岗位，对岗位工作任务和能力需求进行调查，并且提炼出典型的工作任务和其能力要求，通过开设相关课程，形成符合订单人才知识要求的课程体系、满足能力与品质的发展需要等。因此，共育性课程体系具有很强的针对性和实用性，可以使高职院校学生较好地完成从理论学习向实践应用转变。就共育性课程体系而言，职业核心能力发展课程体系至关重要，因为这直接影响着人才培养和人才需求之间是否能做到能力对接。因此，课程体系必须体现出"工学结合"的特色。当然课程体系需考虑普适性的培养要求与企业订单人才的普遍需求。

（二）共育性教学内容

共育性教学内容以共育性课程体系建设为前提，为了适应企业订单人才的培

养需求，经过对校企共育组织的成员进行仔细的调研与筛选认定，完成以合作企业典型工作任务为主线的教学内容。共育性教材具有针对性强、实践性强等特点。就共育性的教学内容而言，以培养职业核心能力为目标的课程体系教学内容，是一个需要着重思考的领域，并且这些教学内容既包括理论教学内容又包括实践教学内容，既有校内执行的教学内容，又有企业执行的内容。为了更好地保证课程内容的完整性，必须明确其教学目标以及相应的教学策略。从教学内容编排来看，除以上要求之外，在合作企业有关职业岗位职业资格认证中，相应应知理论和应会技能也需同时融入有关课程教学内容中，以期有助于学生成功地通过职业资格认证考核。此外，还应加强对实训教学环节的重视程度，注重实训过程中知识传授、职业技能训练以及综合应用等多方面内容的融合。同样这些教学内容不应忽略对学生普适性职业能力发展需求，既要考虑普适性人才培养，又要考虑企业订单人才培养。

（三）共育性师资队伍

共育性师资队伍是指学校和订单合作企业合作，实行人才共育，是一支以校企共育订单班学生职业核心能力发展为主的教学团队，由校内专业骨干教师和订单合作企业技术专家、一线能手组成，联合打造双师素质团队。由于受师资来源等诸多因素影响，目前校企共建共育人型师资队伍还存在着不少问题和不足。若要使这支师资队伍能够在校企共育人才培养进程中起到无可取代的重要作用，那就要采取有力措施，强化他们的素质，使其既接受学校的培训，又接受订单合作企业的培训。因此，校企双方应根据各自的特点制定出符合自身发展需要的师资培训模式。具体而言，企业要对学校专职教师进行实践技能的培训，学校对企业兼职教师进行教学技能的培训，从而合力打造一支双师素质师资队伍。

三、"校企共育能力递增"人才培养模式的实施策略

策略指的是为了实现某一个目标而提前制订的几项应对方案和确立的原则，为了更好地实施"校企共育能力递增"人才培养模式，我们须制定相应的策略才能使得模式的实施效果和学校与用人单位的双边需求相符，将人才培养和人才需求的契合度提高。"校企共育能力递增"人才培养模式的实施策略需要坚持六个方面的原则。

（一）区域服务原则

区域服务原则指的是在"校企共育能力递增"人才培养模式的实施中要以区域经济建设和发展服务为中心，紧密结合区域产业发展状况来培养技术技能型人才。高职教育坚持主动去适应区域经济社会发展的需要，培育出大量有着合理知识结构的技术技能专门人才，让学校的人才培养和区域产业经济发展产生良性的互动，这样才能提高高职教育的人才培养质量。高职院校都有着自己的人才培养服务的面向选择，在"校企共育能力递增"人才培养模式下，如果高职院校没有做好服务面向的选择，那么即使有校企共育合作项目，但这些人才培养所要用到的如师资、设备和场地等资源只会成为一种虚构，校企共育就成为无本之木，只会将提高人才培养质量当作口号。所以，只有遵循区域服务原则才能为"校企共育能力递增"人才培养模式打好基础。

（二）互利共赢原则

互利共赢原则指的是在进行"校企共育能力递增"人才培养模式的过程中，要让学校和企业实现双赢的格局，既能提高学校人才培养的质量，又能让区域产业和企业真正培养出技术技能型人才。要想让校企双方互利共赢，人才的培养必须和区域产业、人才的需求对接起来，让学生的职业能力培养和区域产业、职业岗位能力相对接。要想实现这些目标，就要以合作企业的深度参与作为保证，学校的人才培养是为了合作企业展开的，如果偏离了这个目标，那么企业在校企合作中的参与度就会降低，校企共育也就达不到目标，名存实亡，更不用说互利共赢的结果了。因此，"校企共育能力递增"人才培养模式的实施要以订单式校企合作为基础，加强其合作的针对性，高职院校和企业作为培养人才的两种不同的教育环境和教育资源，都要充分利用起来，不断为发展提供动力，创造新的发展机遇，这样才能产生"1+1＞2"的效应，让两者形成"人才供需联合体"，找到利益契合点，最终实现互利共赢。在"校企共育能力递增"人才培养模式下，以订单式校企合作进行的校企共育可以不断优化合作企业的员工结构和员工的素质结构，这样不论是学校还是企业都是最终的受益者。

（三）循序渐进原则

循序渐进原则指的是在"校企共育能力递增"人才培养模式推进的过程中，

要以渐进的方式一步一步推进，比如和学校合作的企业，其订单的数量应该渐渐从少到多增加，订单学生的数量也应该从少到多增加，另外还包括校企共育的专业数量以及校企共育的产业园区都应该由少到多增加，等等。我们要明白，"校企共育能力递增"人才培养模式的实施过程并不是一蹴而就的，要经过不断的实践和探索，还要经过不断的总结和完善才能逐渐成熟起来，要从试点开始，一点点慢慢扩散。试点初期，应该选择一些业绩优秀、前景良好区域中的产业园区的个别企业作为试点来跟职业院校进行合作，以某个专业的一个订单班进行校企共育试点。在试点中，要建立起校企共育人才培养机制，这一机制的主线应该是"合作办学、合作育人、合作就业、合作发展"，并根据校企共育机构的现实情况建立起相匹配的制度。采用试点的方式须使试点的探索结合本校和本地区的实际情况，在这个过程中会产生很多成功的经验和失败的教训，我们要学会继承经验，反思教训，这样才可以使"校企共育能力递增"人才培养模式不断发展成熟。等到一两个试点成功之后，就可以根据这些成功的经验趁机将校企共育的试点园区、行业和企业、试点专业和人才订单的规模慢慢扩大，慢慢让区域产业经济的每个行业都得到服务面的覆盖，形成区域性"人才供需联合体"，这样也能营造出区域性校企共育的氛围。只有学校和区域的发展可以形成良性的互动，校企共育才能可持续发展。

（四）能力为本原则

能力为本原则指的是在"校企共育能力递增"人才培养模式的实施中，其出发点始终以学生的职业能力发展和综合素质提高为中心。"能力为本"属于人才培养理念的范畴，为的是让学生的职业能力不断增长和发展，让学生能在毕业后成功就业并且高质量地就业。其实也可以说人才培养理念就是学校人才培养的行为导向和理想支撑，只有人才培养的理念越先进，才能让人才培养更加具有特色。"校企共育能力递增"人才培养模式可以通过订单式校企合作的"校企共育"人才培养行为而建立起来，根据合作企业的需要来培养学生的职业能力发展方向。这样才能让学生的职业能力培养和企业的职业岗位能力的需求真正匹配对接起来，其实这就是一种"能力为本"理念的体现。只有"能力为本"的理念才能让高职院校的人才培养可持续发展，促进建立"校企共育能力递增"人才培养模式，实现合作办学、合作育人、合作就业与合作发展，让高职院校的人才培养形成自己的特色。

（五）双向参与原则

双向参与原则指的是在"校企共育能力递增"人才培养模式的实施中，人才培养的每一个环节都需要学校和合作的企业共同参与进来，让人才培养更加具有针对性。因为这种人才培养模式本身就是一种让学校和企业共同参与的行为范式，比如说我们之前提到的建立订单式校企合作的"人才供需联合体"，它能真正让校企共育有实质性的发展，并不是口头上的宣传，是一种双向参与的捆绑行为。这里的双向参与指的是学校和企业合作，共同建立起共育的组织机构，然后两者共同开展岗位能力需求的调研，对人才的培养更要注重共同商定方案，共同为人才的培养开发核心的课程体系，制定课程的标准，同时教材的编写也不能忽视，校企合作共建实训基地等，各自派出自己的教师人才参与教学，并监督整个共育的过程，还要进行能力评价等。只要这个行为或者环节和人才培养相关，就都要遵循双向参与的原则，只有这样才能促进人才培养质量的提升。

（六）注重实践原则

注重实践原则是指在"校企共育能力递增"人才培养模式的实施中，要培养学生的实践动手能力，不断促进其职业技能的提高。职业院校培养出来的学生未来的就业方向都是实践型的工作岗位，其教育具有"技能实训性"，因此需要为学生进行专门的技能实训，这就是高职教育和其他类型教育最大的不同之处，高职教育的人才培养更加注重职业的针对性和实践性，这也是它的人才培养目标的体现。

"订单式"校企合作可以为"校企共育能力递增"人才培养模式提供实训技能条件，这其实就是增加了人才培养的针对性和实践性。在这一模式实施的过程中，不仅学校会为学生提供实训的场地和一些关键性的实训，合作的企业也会为这些订单学生提供生产性的实训场地，另外还包括岗位、师资、设备和任务等，校企共同为推动培养学生职业能力的目标要求努力，这样才能促进校企共育的进一步开展，让学生的职业能力培养不断提高质量。

在"校企共育能力递增"人才培养模式开展的过程中，其基础就是"订单式校企合作"，人才培养质量提高的保障就是要坚持"校企共育"，实现最终人才质量培养的目标，为人才的"能力递增"，因此，在这一模式的构建和实施的过程中，要遵循以上几个原则，建立起校企共育的合作机制，不断探索和研究，这样才能真正让"校企共育能力递增"人才培养模式发挥应有的作用，提高人才培养的质量，同时促进区域产业经济的发展。

以上从"校企共育能力递增"人才培养模式的基本内涵、"校企共育能力递增"人才培养模式的构成要素、"校企共育能力递增"人才培养模式的实施策略等方面对"校企共育能力递增"人才培养模式进行了分析阐述。当然，任何一种人才培养模式尤其是高职教育的人才培养模式都不会是一成不变的，都需要在实践中不断充实和完善。我们相信，只要坚持"以就业为导向""以能力为本位"和"以职业活动为中心"的理念开展技术技能型人才培养，高职教育人才培养质量一定会不断提高，一定能更好地为地方区域经济建设和社会发展服务。

四、"校企共育能力递增"人才培养模式的实践概况

（一）搭建校企共育人才培养平台

如前文所述，"校企共育能力递增"人才培养模式是基于订单式校企合作的，由高职院校与用人企业共同开展的，促进企业订单人才对接性职业能力培养的一种高职人才培养模式。由于"校企共育能力递增"人才培养模式具有区域性、对接性和实践性特征，且对接性特征最为显著，因此，我们首先考虑了实施校企共育人才培养的平台搭建。此处所指的校企共育人才培养平台是指保障"校企共育能力递增"人才培养模式实施所需的基础条件，包括选择订单式合作企业和组建适合校企共育的"共育订单班"等。

（二）实施"校企共育能力递增"人才培养

1.共同组建校企共育组织

校企共育组织是校企双方共同实施人才培养的保障性组织，可以选择合适的学校教师与企业专家共同组成"人才共育委员会"，其主要职责包含以下几点。

（1）根据企业相应职业岗位（群）对人才的需求，提出相应的人才培养目标定位、岗位（群）所需的能力、专业课程体系、课程标准、师资队伍建设、实

训基地建设等方面的建议和意见。

（2）参与订单班人才培养方案、课程体系、课程标准的制订。

（3）指导、协助校内外实训基地的建设，逐步实现专业建设与"产""学""研"相结合，并积极开展专业科技信息讲座。

（4）推荐行业、企业专家担任专业兼职教师，并为专任教师的企业锻炼提供支持，促进"双师素质"师资队伍建设。

（5）探讨解决订单班人才培养中有关问题的方法和措施。

（6）指导毕业论文（设计），协助开展就业指导和毕业生职业生涯规划指导等。

通过校企共育组织建设，确保了订单人才校企共育工作的有力推动。

2. 共同研制人才培养方案

校企双方根据企业的生产任务安排组建"共育订单班"，并针对企业职业岗位对技术技能型人才的需求，认真研制人才培养方案。在人才培养方案研制中，人才共育委员会成员对企业的职业岗位进行充分调研，确定典型工作任务，重构基于工作过程导向的共育性课程体系，并开发相应课程，将企业中的技术资料融入课程内容并编入教材之中，由企业专家负责校内授课与实训、企业实践指导，以满足企业生产操作所需的技术人才培养的需要。"共育订单班"的人才培养方案经"人才共育委员会"充分论证审核后上报学院审批并付诸实施。

3. 共同开发课程与教材

按照"人才共育委员会"确定的人才培养目标所需课程体系要求确定相关企业订单班人才培养的重要核心课程。在课程开发建设中，由学校的专业教师与企业工程师共同主持课程开发与资源建设工作，编写工作过程导向的课程教材，并将企业的技术资料作为教学内容融入该教材的编写之中，以适应企业对于相关设备的安装调试、操作、维护人员培养的能力对接需要。这种课程及其教材编写方式符合学校和企业的双边需求，既能培养学生掌握相关设备的安装、调试、维护、检修技术技能和设备操作技能，也能针对性地培养学生掌握用人企业相关设备的安装、调试、维护、检修技术技能和设备操作技能，充分体现了校企共育中的能力对接要求。

4. 共同建设师资队伍

校企共育人才培养所需的师资队伍是一支既具有理论水平又具有实践能力的双师素质教师队伍。基于学校教师的实践能力薄弱和企业教师的教学技术欠缺的实际，校企双方采取了行之有效的双师素质教师队伍建设措施，即学校教师与企业教师结对培养、共同成长。在双师素质教师队伍的建设中，学校教师跟随参加企业顶岗实习的学生一同赴企业锻炼，既参与对学生的教育管理又参与相关岗位的实践学习，在与企业结对教师共同指导学生的顶岗实习中获得自身技术与技能的增长；企业教师不定期来到学校与学生一同听课，学习学校结对教师的教学技术。不仅如此，学校还通过开设讲座、开展教学研讨会等活动来对企业教师进行教学培训，以帮助企业教师提高教学技能技巧。在企业教师与学校教师的结对培养中，相互取长补短、互相学习提高，共同收获、共同成长，是一种双赢教师培养模式。教师队伍素质提高了，校企共育人才培养的目标才能最终实现，才能真正为订单合作企业培养其职业岗位所需要的技术技能型人才，才能为企业的生产发展和市场竞争提供高素质的技术技能型人才支撑。

5. 共同建设实践教学基地

实践教学基地是高职院校开展实践教学的场所，分为校内实践教学基地与校外实践教学基地两大部分。校内实践教学基地涵盖的实践教学项目包括技术课程教学实训与专项技能实训等。校外实践教学基地涵盖的实践教学项目包括校外生产实习与顶岗实习等。由于高职院校实践教学基地的功能定位是既有教学功能又有生产功能，能够满足产与学两方面的功能需求，因此，学校与合作企业在建设能够满足校企共育要求的校内外实践教学基地时，要以完善基地功能为目标。比如，企业与学校共同建设培养"共育订单班"学生的实训场；同时，企业划定了专门的生产设备和生产线用于实践教学，并在学校的协助下设立教室、教师工作室，配备实习指导教师，以满足"共育订单班"学生生产实习与顶岗实习期间的教学需要。这样一来就极大地改善了校内外实践教学基地的教学条件，完善了校内外实践教学基地的功能，让校内外实践教学基地符合"共育性"的要求。

6. 共同实施培养过程

（1）共同承担教学任务。校企共育要求校企双方的人才培养资源都要用于共育订单班的人才培养，其中企业的技术专家参与相应课程的教学工作便是校企共育的实质体现。在教学实施中，企业教师会选择约定的时间，到学校承担教学工作，充分利用学院的实训条件并结合企业的生产设备对学生进行系统教学与实训。不仅如此，在学生顶岗实习期间，企业教师还结合企业设备实际具体指导学生参与到企业扩建相关设备的安装与调试和已有设备的操作、维护与检修工作中。企业专家不仅具有较高的理论水平，而且实践经验丰富，他们亲自参与共育订单班的核心课程的教学与实训工作，体现的是实质性的校企共育。学生对接受这样的课程及其教学积极配合、响应度高，教学效果得到学生的认可。

（2）共同确定企业顶岗实习方案。顶岗实习不仅是"共育订单班"学生必须参与的实践环节，而且还需要结合订单企业的生产实际做出利于订单人才共育培养的合理安排。"人才共育委员会"通过综合分析确定了"工学交替"式顶岗实习方案，学生可以分两次到公司开展共育性顶岗实习，接受以企业岗位为课堂的实践教学。学生临近毕业期间，不仅需要在企业结合顶岗实习岗位完成毕业设计与毕业论文，而且还需要按照企业的用人要求重点参与分配岗位的实践锻炼，为学生毕业后到企业相应岗位就业提供前期技术与技能储备。

（3）双重指导企业顶岗实习。在企业顶岗实习期间，以校企共育为手段，企业安排的现场指导教师与学校安排的指导教师共同组成顶岗实习指导师资队伍。这支实习指导师资队伍通过分工与合作共同完成学生顶岗实习期间的技术技能指导和教育管理任务，让学生在顶岗实习期间既能学习企业生产现场的实践技能，尤其是操作技能、动手技能，还能接受企业的服务意识、管理理念、企业文化的熏陶和教育。在企业顶岗实习期间，企业指导教师的主要任务是以师傅带徒弟的方式指导学生熟悉生产设备和学习顶岗实习岗位的生产技术与技能，同时还需要对学生进行岗位职责和责任心教育等；而学校指导教师的主要任务是管理现场实训学生的纪律，解决学生实习中的相关问题并进行思想教育，同时配合企业指导教师开展技术技能教学等。学生则以在校生和准员工的双重身份参与企业顶岗实习并接受管理。其中，在校生身份是指将他们视为学习知识与技能的在校学生进行培养，按照在校生的学习要求与纪律要求加以管理和考核；准员工身份是指将他们视为企业的未来员工进行培养，按照企业对员工的技术技能要求和管理规定进行管理和考核，逐渐让他们认识企业并熟悉企业的生产经营状况和发展前景，接受企业文化熏陶以便及早融入企业团队。

7.共同评价学生职业能力

校企双方共同开展共育订单班学生的职业能力评价是校企共育工作不可或缺的环节。学生职业能力评价包括对学生职业基本能力、职业核心能力、职业拓展能力评价以及职业能力综合评价，其中职业能力综合评价是以职业基本能力、职业核心能力和职业拓展能力评价为基础的，而职业基本能力、职业核心能力和职业拓展能力的评价又依赖于其中各评价要素的评价。由于各评价要素的评价存在于校企共育人才培养过程的各环节之中，因此，学校教师与企业教师均参与各评价要素中相关考核点的评价，可以为学生的职业基本能力、职业核心能力、职业拓展能力评价以及职业能力综合评价提供基础数据来源。

这种共同评价中，不论是技术类课程还是专项实训、顶岗实习的学习评价，都体现了学校与合作企业共同的参与，企业专家参与教学的课程由企业教师与学校教师共同评价，并以企业教师的评价为主；学生赴企业顶岗实习期间的学习情况由企业指导教师与学校的指导教师共同评价，并侧重学生顶岗实习过程中的企业指导教师的评价；在学生参与职业资格鉴定考试中，邀请企业专家参与考核鉴定等。通过校企双方共同参与的以各评价要素的评价为基础的职业能力评价，促进了学生学习技术技能的积极性，也检验了共育订单班人才培养的效果，同时还可以发现校企共育中存在的问题，借以不断完善校企共育各环节的工作，促进共育订单班学生的职业能力的增长与发展，提高针对性人才培养的质量，满足订单合作企业职业岗位对人才能力的需求。

总之，开展"订单式校企合作"组建"共育订单班"，按照"校企共育能力递增"人才培养模式实施合作共育后，提升了毕业生的综合职业能力，提升了毕业生就业率，尤其是对口就业率，提升了毕业生的就业质量，提升了毕业生对人才培养过程的满意度，提升了合作企业的满意度，换言之，"校企共育能力递增"人才培养模式促进了对接性技术技能型人才培养质量的显著提升。

第五章 高职护理教育模式重建研究

本章为高职护理教育模式重建研究，共分为四节对相关内容进行叙述，分别为高职护理教育现状的调研分析、高职护理教育模式的重建、高职护理教育人才培养模式的特征与规律、高职护理专业"素质教育模式"的具体构建。

第一节 高职护理教育现状的调研分析

对现有的教学文件进行梳理，并对高职的护理教育现状进行调查，对其教育模式进行分析，这样才能进一步了解高职护理教育在发展的过程中出现了哪些问题，并针对这些问题思考解决的对策，为研究新的教育模式的建立提供实证素材。

一、现行培养模式的主要特点

目前高职护理教育的培养模式有以下特点。

（一）培养目标、业务规格、培养制度、培养过程高度统一

无论哪所院校，其培养目标在表述上没有什么区别，十分相似，基本上包含了三个含义，也就是党的政策规定、业务能力和适应的工作范围。总体来说十分笼统，都比较符合规范，只有在毕业后的岗位上会根据专业有所区别，但是在培养规格上又没有什么不同，包括思想素质、业务素质及相关的职业能力，而这些要求对任何一个层次的护理教育似乎都适用，反映不出高职护理教育的职业特性，使得教育过程中的可操作性降低。此外培养制度也比较单一，各院校所反映的基本上是学年制或学年制加学年学分制，虽然学校开设了必修课和选修课，但是到了真正教学的过程中，大部分还是必修课。教育的培养模式仍然使用的是传统的模式，也就是学生在前两年学习三段课程，然后进行一年的临床毕业实习，学以

致用，课堂与临床紧密结合的职业教育要求不能很好地体现出来，教学与实践出现脱节现象。

（二）课程设置注重理论，重专业课

在课程结构安排上，基本上仍然遵循原来的以学科为中心的三段式，也就是公共基础课—专业基础课—专业课（专业技能课）的三段结构，不管是哪一门学科，都极大地保留了自己的独立性和完整性，同时，这些课程中学习理论的课时要比参与实验实训的课时要多，且基本上都是在学校里完成的，就是传统的课堂授课模式，传授的是理论知识，很少有机会参与病例见习，有很明显的学术倾向。从课程结构的表述来看，不管是外科护理学还是内科护理学，教学的模式都是按照临床医学学科的模式，这种情况下，"护士成为医生的助手，总是处于辅助的地位"的观念根深蒂固，认为医学生需要学习什么，护士也要学习什么。这些传统的现象不断在高职护理院校中上演，但是我们也应该看到其中的变化和改进，各个学院以人的各系统疾病护理作为课程教学，这也是护理专业自身的学科定位和岗位的知识能力需求得到肯定和重视的体现。重理论轻实践就是高职护理院校的特点之一。

我们可以分析课程结构，人文学科在总的学时中占的比例不大，但是人文学科对学习护士的学生来说十分重要，尤其是为人类的生命健康服务，如果缺乏这方面的知识和素养，对今后胜任岗位会带来一定影响，同时在调查问卷和专家访谈中也反映出要增加人文学科的课程内容。调研中，35%的学生认为要突出人文学科的比重，48%的专家认为要加强人文学科知识，60%的教师认为护理专业的学生学习人文学科是非常重要的。

（三）课程内容丰富，课内课外规定的集体活动多

高职护理教育课程体系中各院校的课内教学时间控制在1675～2060学时，但由于许多教学活动如入学教育、教学见习、军训、毕业实习、毕业教育都不计在1675～2060学时内，实际的教学时间已超过了3000学时，其中A2学校达到了4000学时以上。除此之外还有党团活动、班会、志愿者活动等，学生在校的时间都是在学校统一安排下有组织有秩序地分配，而学生学习课本以外的知识的时间就很少，整个学习属于一种机械式的活动，使学生的潜力得不到很好的发挥和利用。

（四）教学方法和手段以传统的"三中心"为主

目前来说，不同院校使用的仍是传统的教学手段和方法，一直都以教师为中心，课堂和书本为中心，教师大多数情况下在课堂上传授的一直都是学科理论知识，只注重其系统性和完整性，并且没有什么新的教学手段，只依靠传统的书本、粉笔和黑板就可以完成教学任务。当然，很多老师也意识到这个问题，也在想办法将自己的业务能力和执教水平提升，虽然多数情况下还是使用的传统的方法和手段，但是也会尝试融入一些新的教学方法。学生在课堂上也希望老师可以多采用新的教学方法丰富课堂，当前，教师常用的教学方法排序和学生需要的教学方法排序是不同的，但是教师还是课堂的主导者，学生的主体性不能发挥出来。

（五）教学质量评价以考试，考查为主

目前，护理教学对质量进行评价的形式还是考试和考查，如果是理论课就进行笔试考核，实验实训的考查主要就是以技能考核、口试的形式，剩下其他部分的考核还包括外语听力考试、计算机上机考试等，但是对于学生的品德等综合素质的评价并没有形成有效的评价方案，也就是说，护理教学的评价模式在现在还是以分数为唯一的升、留级的指标，思想品德等综合素质方面并没有什么考察的价值。

二、现行教育模式存在的问题

现在实施的高职护理教育模式十分单一，并倾向于学科性，这是因为主要受医学教育模式的影响，并且在发展的过程中过度依赖经验，如果从护理专业的发展和护理岗位的实际需求来看，有很多不足的地方。

（一）现行培养模式是一种单一性、学科性的教育模式

教育模式的单一性体现在多个方面，虽然院校不同，但是其人才培养目标和规格表述基本没有什么差别，并且有着相同的培养制度，也有着相同的课程设置，教学组织也差不多，甚至教学评价的方法也都是一样的，更不用说课程的核心内容和方法了，这些内容和方法没有体现出现代护理的认知和现代护理人才的培养规格要求，大部分情况下采用的是集体教学、课堂教学为主，教授的内容大多脱

离不了教科书，学生只能够在课堂、实验室和实训室接受教育，没有什么机会利用图书馆和网络，没有太多机会接触外界，并且各个学校之间也没有什么沟通交流，很容易形成封闭的环境。

教育模式的学科性也体现在多个方面，课程结构没有和外界产生联系，不同学科之间也多是独立的，只一味追求系统性和完整性，没有和其他学科之间形成衔接，现代课堂仍然采用的是三段式课程，理论的讲解课时安排要大于实验实训，理论讲授是大部分教师采用的授课方式，只在有的时候采用操作示范的方式。在评价上，大部分情况下采用的是知识测评，很少使用技能测评，这样明显将护理的实践特点忽视掉，没有将护士岗位要具备的知识、能力和素质重视起来。

（二）现行教育模式缺乏人文性和综合素质培养

现代实施的教育模式只是一味地灌输给学生知识，让学生积累操作的训练经验，但是没有帮学生建立应对工作和处理人际关系须具备的知识结构。作为护理专业的学生，不仅要有扎实的生物医学的知识，还要积累充足的人文和社会科学的知识，但是我们当前实施的教育模式中培育出来的人才和社会发展需求的人才不匹配。我们要明白，护理专业的学生在学校学习的阶段最先要学习的是护理基础知识、专科护理知识和护理的新知识，然后还要熟练地掌握外语和丰富的自然科学和人文社会知识，最后还要掌握一部分计算机知识和政治理论。

护理专业学生在校就读期间，在能力方面提高显著的是护理基本操作能力、心理适应能力、交往与协作能力、专科护理能力及语言表达能力，提高不显著的是护理科研、护理教育、领导管理、外语应用，在素质方面，专业素质、文化素质及道德素质排在前三位。

可见当前的培养模式在思想道德、专业知识和技能方面是有成效的，而在自然科学、人文社会知识、信息技术、专业新知识等方面存在欠缺。

三、对高职护理教育模式改革的思考

要想对教育教学实施改革，首先要转变教育的思想，更新教育的观念。教育的发展必须和社会的发展需要相适应。作为职业教育，护理教育也应该不断适应社会的需求，不断改革，让护理教育模式与护理岗位的人才需求相匹配。在改革的过程中，首先要将传统的陈旧的和落后的观念改正，根据现代社会发展的情况，以经济、文化和科技等新发展出来的教育观念为基础护理岗位人才培养的模式，让其培养出来的人才拥有扎实的基础、宽阔的知识面、能力强、素质高，能够适应 21 世纪的需要，成为在知识、技能和情感上综合发展的高素质护理人才，并且根据这一改革思路大胆实践。护理教育在新的教育理念的指导下，教育的目标就是培养能力、提高素质以及全面发展。

针对现行高职护理教育中存在的种种问题，必须思考相应的对策，以确保高职护理人才培养符合社会的需要，体现高职护理人才知识、能力、素质的教育模式，体现护理教育服务于社会的功能。

（一）明确 21 世纪高职护理人才需求的培养目标

设置什么样的护理教育培养目标和护理人才的培养质量有着直接的关系，根据当前卫生服务的发展对高职护理教育的要求，借鉴听取专家的意见和各个学校办学的经验，要始终坚持用理论指导实践。根据我国的基本国情，依据卫生服务的要求，要培养出符合护士职位岗位需求的高等职业护理人才，并且要将护理教育的特色突显出来，要在国家宏观政策的指导下，根据高职护理教育的定位，同时还要将护理工作的岗位特点考虑进来，符合人才规格的要求。

高职高专教育是我国高等教育的重要组成部分，培养拥护党的基本路线，适应生产、建设、管理、服务第一线需要的，德、智、体、美等方面全面发展的高等技术应用性专门人才，既是由我国高等教育的目标决定的，同时也体现了我国高职高专教育人才培养目标的特殊性，教育部印发的《教育部关于加强高职高专教育人才培养工作的意见》中非常明确地将其确定为我国高职高专教育的人才培养目标。当前，我国已经建立起中职、高职、本科、研究生的护理教育体系，在这几个构成的结构中，中职护理教育培养的核心是基础护理，高职护理教育的核心是护理职业岗位群的护理工作，到了本科阶段，主要的培养内容放在了护理教育、护理管理、临床护理、护理科研等，主要突出了学术性和专业性，研究生主要研究某一个领域的内容。高职护理人才岗位群的主要工作包括社区预防保健、康复，临床各科的基础护理、专科护理等，还可以根据要求实施护理干预。

高职护理教育的具体培养目标是：贯彻党的教育方针，培养出一批具有很大发展潜能的应用型高等护理人才，这类人才必须具有从事护理工作的基本理论知识和操作的技能，并且具有不错的人文素养，可以独立运用护理程序针对服务的对象开展整体的护理。

（二）组建新课程体系，优化教学内容

课程是将宏观的教育目标与微观的课堂教学内容相连接的桥梁。

当前，传统的公共基础课、专业基础课和专业课这种三段式的课程和教学的模式已经不能和现在的人才培养目标相匹配了，学生在学校学习的大部分内容还是临床的医学知识，实践部分比较少。这些知识的学习其实只是学生对这一学科的知识积累，但是当真正参与工作的时候却很少能用到，这就导致学生的岗位适应性很差。基于这种情况，课程体系应该采用交互式渗透的方式，在进入学校的第一个学年，就可以学习护理专业的课程，参与临床的见习，这样尽早接触专业和临床，能使学生对专业和临床有一个大致的把握，然后在后面的学年逐渐增加专业课的比例，减少医学基础课程的比例，学生的专业思想和专业素养也可以更加巩固。传统的"医疗＋护理"体系已经不适应发展，要彻底摆脱，要根据护理程度对教学的内容进行编排，同时让课堂教学和临床实践之间的联系更加紧密，形成的课程体系更加具有护理的专业特色，也可以增设一些人文和社会科学的课程，如公共关系学等，促进学生综合素质的提高，增加其社会适应能力。

要为学生增加一些临床的实践机会和时间，让学生可以根据自己掌握的知识解决患者的各种健康问题，通过这样的实践让学生不断提高自己的专业技能和素质。

在临床见习和实习过程中，要多为学生创造机会，让学生多动脑多动手，这样才能让学生有机会锻炼自己的技能，养成职业素养。

建立起比较独立的实践教学的体系，多找机会锻炼学生的实践能力，在护理专业的实践教学方面增加一些课时，最好让理论和实践的课时比例能够达到1：1。

职业教育的首要培养方向就是培养学生的职业能力，为了达到这一培养目标，高职护理教育要采取工学结合的人才培养模式，让办学更加具有开放性，始终围绕行业的特色，让卫生行业和临床的岗位融合在一起，抓紧融入最新的科学技术，使得护理职业教育办学能够向着融合行业办学、育人和岗位实践的方向发展，这样培养出来的护理人才能符合社会的需求。将高职护理教育、卫生行业和临床融合起来，对卫生行业的发展规划有一个清晰的认知，了解临床不同学科的新知识、新技术和新内容，同时也及时了解卫生行业和护理岗位的人才需求变化，从而确保高职护理教育在教学改革中、在人才培养中做到行业与职业教育的融合。高职护理教育与行业共同育人，满足卫生行业和临床对岗位人才的需要。高职护理教育要积极邀请一些行业的专家教授也参与到办学中来，让这些专家能直接参与教育教学的活动，并且根据学院发展的情况和规划提出一些指导性的意见。学校可以建立起以行业专家为主的办学指导委员会和专业指导委员会，聚集众多一、二、三级医院的护理技术人员、管理人员、专家定期为学校的办学定位与专业发展"把脉"。另外，高职护理教育还要寻找机会多参与一些卫生行业的人力资源的开发，这样才能及时掌握行业的人才需求变化，根据用人单位的人才需求变化，培养出符合需要的人才，增加对社会服务的效力。

（三）教学方法应注意发挥学生的主体作用

根据调研和访谈的结果，我们发现高职护理专业的很多教师仍然使用传统的教学方法，并且一些教师从来没有尝试过以问题为基础的教育方法。高职护理教学要根据教学内容的不同，采取不同的适合的教学方法，摒弃原本的灌输式的教学方法，采用多种教学方法相结合的形式，比如，案例启发式、讨论法、讲授与自学相结合、角色扮演法等。同时，在教学的过程中，要激发学生的质疑精神，培养他们的批判性思维，学生能在学习的过程中多问为什么，同时让学生学会自学，可以选择一部分教学内容让学生尝试自学，教师只提供学习资料，提出目标和方法，学生要通过自己的独立思考，然后和同伴交流学习，解决各种问题。

（四）评价方法应体现学生综合运用知识的能力

评价的目的是了解是否达到了教学的目标，传统的评价单纯以学生的成绩来评定学生，但是这种评价的方法太过单一，要打破这种传统的评价方式，不能学生要考什么就学习什么，单纯为了考高分而寻找窍门。基础知识的考核固然重要，但是作为职业性的专业教育，护理专业更加应该从应用的角度考查学生的认知能力、发现能力、创造能力以及学习能力，采取多元的考核形式考查学生，比如说操作考试、学习报告、口试、案例分析等方法，这样学生就有了更多的空间去想象，给出的答案也更加具有创造性，体现学生的真实水平。

要根据现代社会的发展情况和卫生事业发展的需要来培养护理人才，努力推动护理教育向着现代化的方向发展，培养出适应 21 世纪需要的高素质护理人才。

第二节 高职护理教育模式的重建

护理教育进行改革最核心和最深层次的问题就是对教育模式改革的研究，该研究结果具有高度的指导意义。随着社会的发展，人们对护理的需求越来越向着多元化的方向发展，在对护士的执业管理上，也更加的科学化，因此在改革的过程中需要重新认识我国的高职护理教育，对教育改革有进一步的认识。高职护理教育模式的重建就是对现有的那些不合时宜的教育模式进行整改、改革，洗去那些过于浓厚的理论教育色彩，真正根据社会对护理人才的需求来构建更加适合的人才培养模式。

护理这门专业学科的社会性、实践性以及服务性都很强，改革的前提也必须是国家的宏观指导，要根据我国卫生事业的发展和医学模式的转变形成的护理模式，加上自身的变化对高职护理人才培养提出的相应要求，还要注意我国高职护理教育在当前出现的各种不足，优先确立好高职护理教育模式的基本思路，然后提出重构的原则和框架。

一、高职护理教育模式重建的基本思路

2000 年 1 月，我国出台了《教育部关于加强高职高专教育人才培养工作的意见》，其中将高职高专人才培养模式进行了特点归纳：以适应社会需要为目标；以"应用"为宗旨和特征构建课程和教学内容体系；以培养高等技术应用型专门人才为根本任务；以培养技术应用能力为主线设计学生的知识、能力、素质结构和培养方案；"双师型"教师队伍建设是提高高职高专教育教学质量的关键；实践教学的主要目的是培养学生的技术应用能力，并在教学计划中占有较大比重；学校与社会用人部门结合、师生与实际劳动者结合、理论与实践结合是人才培养的基本途径。构建高职护理教育模式要重点围绕以下几个方面。

（一）明确高职护理教育人才培养目标和人才规格

高职护理教育的培养目标指的是护理教育机构培养的人才和规格的质量要求，将培养的目标具体化就是人才的规格，将护理模式中的能力、知识和素质等内容更加系统化、整体化地展开。其中，素质指的是在培养过程中对对象的身体素质、思想素质以及心理素质等的要求；能力指的是对培养的对象技术能力的要求，包括本专业技术能力、社会能力、工作能力、创新能力等，人才规格的核心就是能力培养；知识是指对培养对象的知识素质要求，即对文化基础知识和专业知识的要求。素质、能力和知识形成了培养目标的整体要求。根据这些具体的要求，制订相应的培养方案，不仅要注重对学生理论知识的培养，还要求学生在技术应用和身心素养上不断提升自我，这样才能让学生在今后的岗位上发挥自己的才能。

（二）以培养职业能力为主线，构建高职护理教育课程体系

对高职高专的人才培养模式进行改革的过程中，十分关键的一项工作就是对课程进行改革。自从开展了高职护理教育的改革事业之后，我国的高职护理改革就开始了课程的改革，但是虽然改革的步伐早已迈开，但是课程的体系一直都没有突破学科性的课程框架，总是在这个框架中探索课程和职业的联系，这样导致的结果就是教育没有突出特色，这也在调研中得到证实。

将高职的课程体系进行重建，要注意专业课程理论和实习实训课程的地位，不能按传统，只关心专业课程理论，要将两者的地位放在同样重要的位置，专业课程理论和实习实训课程要形成相互连接的体系，将两者融合渗透才能培养出更加专业的学生，既有扎实的职业综合能力，又擅长某一专项能力，这就是一位合格的应用型人才。在人才培养的过程中，培养的主线要始终放在职业能力上不动摇，重新建立起适用的高职护理教育课程体系，在教授学生基础课、专业基础以及专业课的同时，不受传统医学专业课程体系的影响，始终将人的健康放在首位，突出护理专业的特色，并且加强其整体性，让学生既能拥有扎实的理论基础，又熟练掌握实践技术。

掌握基础理论知识是为了今后的应用，因此格外看重必需和够用两个维度。学生没有机会接收到"必需"知识的充实，那么就无法继续了解更深的知识，但

是如果教授的"够用"知识超过了度，也是一种时间的浪费。对专业课的教授要想办法突出其针对性和实用性，不断根据实际需要将教材的内容以及课程的体系进行调整，并且根据新添加的内容开发出新的课程，让学生有机会学习新的知识和方法，这样培养的学生才能增加自身的职业适应性，提高适应能力。

（三）推行以弹性学分制为主要内容的灵活的教学管理制度

这里我们以上海地区的高职护理教育学院的培养制度为例。一般来说，上海的高职护理院校基本上都是实施的学年制，大部分是 3 年学制。生源方面，一部分来自普通高中，另一部分来自中专，这两种生源的学生没有区别共同培养，但是医学方面的知识如果没有过渡的教育，中间没有衔接，学生很难尽快掌握基础的知识，也就不容易完成培养目标。因此为了顺利完成教学的培养目标，可以开展弹性学分制，这样不同学生的学习需求也会被满足，也能根据社会的需求变化灵活调整，形成自主教育。弹性学分制放宽了招生和入学的年龄限制，学生分阶段完成学业，这样更能发挥出学生的自主性。

（四）加强"双师型"师资队伍的建设

实现人才培养的目标离不开优秀的师资队伍，拥有一支优良的师资队伍才能保证高职护理教育找到自己的特色。高职护理教育培养的人才是向着护理、预防、保健、康复、健康宣教的应用型方向发展的，因此教师方面的要求更加严格，不仅要求教师掌握系统的理论知识，还要掌握实践指导的能力，这就要求我们建立起一支"双师型"师资队伍。高职护理院校应该针对"双师型"师资队伍的建立要求制定相应的规划，根据现实条件一步步实施起来。学校支持教师到企业去兼职，到科研单位去挂职锻炼，这样能够将教师的实践操作能力培养起来，提高解决实际工作问题的能力；加强对学科带头人和骨干教师的培养；加强教师队伍的建设，可以选择一部分更加优秀的教师脱产学习，让更多教师在职进修，让教师的整体学历层次提升上来；鼓励中青年教师申报科研项目，参与企业的项目开发，另外还要引进那些有专长的教师，这样才能形成更加有实力的教师群体。

二、高职护理教育模式重建的原则

高职护理教育模式改革，既要符合时代发展对高职护理人才的培养，特别是知识、能力、素质的要求，也要针对当前高职护理教育中存在的种种不足。高职护理教育模式重构的理论依据包括：高职护理教育的本质属性与规律；高等教育与职业教育理论；我国护理教育的历史演进和国外护理教育经验的借鉴与启示。由此归纳出我国高职护理教育模式重构的原则。

（一）以适应新的医学模式转变的需要为基本出发点

教育是一种社会活动，这种活动是有意识的，其直接的目的是影响人的身心发展。在不同类型的教育中，目的性、系统性和组织性最强的教育就是学校教育，学校教育需要在教育观和教育思想的指导下进行。教育和社会发展是相辅相成的，教育为社会提供人才，为社会服务，社会发展对教育提出不同要求。因此，当卫生体制改革使卫生服务模式发生改变时，提供卫生服务的人才的教育模式就应随之而改变，护理教育同样如此。当医学模式转变时，出现了服务对象、服务模式、服务范围的变化，丰富了护理工作内涵，同时对护士的知识结构、能力、素质提升有了进一步的要求，因此，护理教育的模式也应该根据医学模式对护士培养的要求的改变而改变。在高职护理教育的模式构建过程中，最基本的出发点应该放在医学模式的转变带来的护理模式和服务模式的转变，要从长远的发展眼光看待，看到人的终身发展需要，将人的潜力挖掘出来，培养出知识化、技能化和素质型的高职护理人才。

（二）高等教育与护理教育的有机统一

高职护理教育模式的构建，不仅要遵循高等教育的基本规律，还要能够反映护理教育的特殊性，让高等教育和护理教育有机统一在一起。

高等教育更加注重学术性、综合性和基础性，护理教育更加倾向于实用性、针对性和职业性，护理这一职业是为了人的健康服务的，要使护理人才能够胜任这份工作，并且在自己的岗位上发挥能力，需要学习十分丰富的知识技能，不仅要了解、掌握与之直接相关的自然学科的内容，包括化学解剖学、生物学、生理学、物理学等，还要对社会科学的伦理学、文学、社会学以及心理学等有一定的了解。这样，在拥有扎实的自然科学和社会科学的基础上学习专门的技术，才能形成综合职业素养。在中华人民共和国建立之初我国护理教育的前身是中专护理教育，在改革开放之后，形成了大专、本科、研究生系列的高等教育，随着社会的发展，卫生改革的不断深入，中职护理教育逐渐被高职护理教育所取代，并且以高等教育为基础不断发展。根据国外护理教育的经验，我们可以总结出高职护理教育是高等教育和护理教育有机结合的结果。高等教育和护理教育有很多不同，比如，在培养要求、价值取向以及实施的途径上都有自己的侧重点，但是还是要将两者统一起来。在高职护理教育中不仅要实施专科层次的高等教育，还要推动护理专业教育的实施，集高等教育和护理教育于一身，形成整体。

（三）职业教育与普通教育相融合

构建高职护理教育模式，要让普通教育和职业教育融合起来，护士在掌握充足的生物医学科学知识的同时还必须具备足够的人文和社会科学知识，能够掌握熟练的护理操作技能。因此，在护理专业教育的过程中，要对学生进行自然科学和人文社会学科的双重知识培育，让学生掌握各种学科的知识，这样才能拥有更加扎实的职业基础。职业教育是人才培养中对教育职业功能的一种偏好，主要目的就是满足社会和经济发展的需要，让学生拥有从事有关专业实际工作的能力，基于此，就需要将高职护理教育的知识和职业技能相结合。将普通教育和职业教育的基点处理好，这是与高职护理人才培养直接相关的特点，即教育要满足胜任岗位的需要，高职护理人才的培养要不断追求不同学科知识和治理等的适应性。

在基础课教学中，护理专业知识更加注重"基础性"和"应用性"，教学的内容就是一些基础的知识和学习的方法，这些也都是学习专业课的基础，掌握实践操作的基本技能，并不要求学生在一些学科领域中具备英才的能力。在专业课教学的过程中，突出针对性和实用性，只有让护理专业的特点凸显出来，才能使得学生胜任岗位。

根据研究国外护理教育的经验，我们发现职业护士的实际需要是高职护理人才培养所必须重视的，高职护理人才培养必然具有了职业性。社会在进步，教育也在不断发展，普通教育越来越表现出知识性，在新的医学模式的指导下，学科知识和人文知识在高职护理教育中地位突出，护士的职业生涯发展离不开这些知识的支持，甚至护士的终身发展都离不开这些知识的掌握，这已经成为人才培养的根本目的。可以说，职业是文化的根基，文化也可以成为职业的成果。进入职场，开始工作之后，人们不仅要熟悉工作，还要有工作会随时变化的远见，因此要提前做好准备。普通教育和职业教育必须共同发展，相互促进。因此，高职护理教育要将普通教育和职业教育放在同样重要的位置，让两者融为一体，在培养人才的过程中，既要加强通识教育，又要加强职业性。加强通识教育有助于矫正我国长期的专业学科教育弊端，学生依此拓展知识范围，开阔眼界，更加全面地发展，这也是适应我国高职护理模式转变的需要。

突出职业性，按照职业教育要求，强调职业道德、职业意识、职业素养教育。所以在重建高职护理教育模式时，重视通识教育与职业教育的结合，以实现综合素质的提高。

（四）以专业素质的形成和提高为最终成果

中国的护理教育正经历着以素质教育理念为指导的改革。高职护理教育围绕适应系统化整体护理模式开展的人才培养目标，学生的专业素质作为高职护理教育的落脚点和最终的成果，是在大学环境和护理教育的影响下形成和发展起来的，是从事护理工作所必须具备的、较为稳定的、内在的和基本的身心要素、结构及质量水平，是学生在毕业时应具备的护理专业知识、技能、态度的总和。就高职护理教育而言，应重视素质教育并让素质教育的思想渗透到专业教育中，贯穿于人才培养的全过程。

护理作为一门融科学和人文于一体的、以人为研究和服务对象的学科，在整体护理模式中强调"以人为中心"，这就要求护士在护理过程中充分考虑人的政治、经济、文化、身体、心理、社会等诸多方面因素。因此护士只有具备相关的知识、熟练的技能和良好的专业素质，才能满足服务对象的需求。这也对护理人才的培养提出了更高的要求，当护士具备了一定的人文素质和比较丰富的内心世界，才能善于观察、善于思考，及时了解不同服务对象的需要和患者不同时期的需要，从而调动各方面的知识和技能满足服务对象各方面的需要。

高职护理人才的素质体现在四个方面：思想道德素质、文化素质、业务素质、身心素质。思想道德素质是育人之根本，对于高职护理素质教育而言，职业为先，敬业精神是思想道德素质的重要组成部分。文化素质是基础，有利于学生能遇事分析全面，判断正确，推理科学，有远见卓识。业务素质是根本，在护理工作中做到机敏、果断，迅速处理面临的问题，并掌握工作的主动权。身心素质是保障，身体是载知识之车，富智慧之所。其好坏，关系到护理人才的全面发展，关系到智慧和才能的发挥，强健的体质、充沛的精力是护士开展多项工作的保障。

任何一个专业所培养的人才，首先是一个全面发展的人，而不是仅仅掌握相关专业知识和技能的工具。如果我们仅仅用技术培养人，充其量培养出来的是一台有用的机器，而不是一个和谐发展的人。在护理教育教学中，要将全面提高学生的思想素质、文化素质、专业素质和身心素质作为最终的教育目标。

三、高职护理"素质教育模式"的基本框架

为了更好地把握高职护理教育人才培养的教育学特征，我们从教育类型的角度出发，根据以上的基本思想和原则，构建整体护理专业素质教育模式框架。

（一）教育模式的设计

制订护理人才培养方案离不开高职护理教育模式的参考。在建设教学体系之前，就要先制订出人才培养的方案，这样才能在体系建设过程中有据可依。如果高职护理素质教育的模式具有科学性并且适宜采用，那么将对实验室建设、专业建设、师资队伍建设、技能训练基地的建设等十分有利，让各个教学环节更加规范化，建立起人才培养质量评估的基础，这样就能够依据社会的需求来培养人才。

医学模式的改革改变了护理模式，对人才知识、能力以及素质的培养方面提出了新的要求。高职护理教育的学历水平属于大专层次，不仅要为学生传授人文科学、自然科学、社会科学等各种基础性的知识，还要锻炼学生扎实的操作技能，这一技能包括计算、思维、实验、观察、想象等内容，还要有良好的语言文字表达的能力、交流合作学习的能力、适应的能力等，另外还要拥有良好的职业道德和职业意识等。

护理专业的素质人才教育模式自然要以素质教育为基础，重点培养学生的能力，同时也要确保知识的层次规格，使得培养出来的人才拥有扎实且广博的技术理论知识，专业能力过硬，职业素质高。在教学和组织管理的过程中，要以现代教育理念作为指导，学习"以人为本"的教育思想，培养出满足规格的人才。根据临床岗位需要的职业能力水平，使得教学的结果可以让学生顺利就业，既拥有扎实的知识，又拥有技能，实际工作能力和适应能力共同发展。

1. 知识要求

学生通过接受教育，可以对专业的现象、本质和规律等有一个总体上的认识，这就是知识。现代高校对学生开展通识教育的目标就是让学生积极参与社会活动，成长为具有社会责任感，可以全面发展的社会公民，这种教育主要是为了让受教育者成长为一个具有责任感的人。高职护理教育自然也要开展通识教育，并且要将通识教育作为基础教育，这是因为通识教育的价值取向在于培养学生的智力、体力、伦理以及情趣等方面的能力，让其成长为一个完整的人。学生接受全面的知识教育，还要接受一系列训练，包括知识获取、语言文字表达、价值的鉴别与判断、逻辑推理、文学与艺术的理解与鉴赏等。我们首先要将护士看成是一个社会的人，因此要培养他们专业的基本素养，这些基本素养将在今后的专业教育和职业生涯中发挥出重要的作用。

护理专业知识分为两类，第一类是基础学科知识，这一类知识使学生可以对正常人体生命现象和生命活动的基本规律有初步的认识，对正常的生命指标的基本特征有一个掌握，能够使用常用的检查方法检查各种问题，对人体疾病的病变、病理过程十分了解，了解一些常见疾病和重要的器官在功能衰竭的时候呈现的基本病理情况，对常用药物的作用比较熟悉，有基本的护理用药知识，并且可以对护理知识进行理解。

第二类是专业学科知识，这是护理专业的核心内容，为岗位工作解决实际问题，使学生了解护理学的基本理论知识，理解护理学的基本要素和框架，即人、环境、健康、护理的内涵，确立以护理对象为中心的整体护理理念，了解常见病的概念、治疗原则、护理措施及健康教育内容，对人生命不同的阶段所产生的疾病及其健康保健需要提供护理，并在护理工作中增强守法、用法的意识和提高职业道德修养。

2. 能力要求

现代教育心理学中，能力是指个体能顺利完成某些工作的心理特征。专业技能包括基础护理技能和整体护理技能，基础护理技能主要是训练学生掌握满足护理对象生理、心理和治疗需求的基本护理技术，包括临床患者的生活护理、病情观察、生命体征的测量、用药护理、卫生保健指导等，协助医生完成各项诊疗技术，执行医嘱、实施治疗性护理等技能，开展社区保健、群体健康宣教等工作。

整体护理技能是在整体护理观念的指导下，使学生掌握科学的护理方法，能运用所学的知识和技能按照护理程序和方法，对护理对象进行护理—评估—诊断—计划—实施—评价，并在这一护理过程中充分体现出正确熟练的操作技能，人际交往中的护患沟通技能、倾听技能，培养批判性思维能力、创新能力和自我发展能力等，收集和综合问题有关的信息，运用沟通技巧促进患者和家属之间的理解，帮助患者早日康复。

通用技能教育包括信息处理能力、外语应用能力和自主学习能力。护理实践和护理管理依赖于有效的源源不断的知识和信息，计算机和通信技术的进步为教育、信息分析和管理提供了有效的工具和手段，个人健康信息档案的建立、疾病就诊、医嘱处理、处方取药等电脑信息化的操作已普及应用。护理教育中要让学生理解信息技术、知识处理的优势和局限，并能够在解决护理问题和决策中合理运用这些技术，学会从不同的数据库和数据源中查询、收集、组织和解释健康信息，监控人体健康情况，保存护理记录，以便分析和改进。

随着我国国力的强大，国门的打开，国际交流的增加，为帮助外籍人员顺利就医，掌握一门外语已是现代护理人员的必备技能。外语作为现代学习、工作、生活的一种工具，要培养学生听、说、读、写的基本技能和运用外语进行交流的能力，尤其是在临床特需病房中，要能听懂简单的对话和短文，能围绕日常话题进行初步交流，能读懂简单的应用文。

学会学习也是现代人必需拥有的能力，经济社会的发展，新知识、新技术层出不穷，只有不断学习才能立足于岗位，胜任岗位职责。人们在学习的过程中能够判断需要什么知识和技能，然后对学习的进程进行自我管理，当然还要借助外在的人力和物力帮助，这就是一种自主学习的能力。我们要知道，护理专业方面的知识和信息每5年就会翻一番，知识重新更新，因此，学生一定要有自主学习的能力。护士是一个需要终身学习的岗位，要求学生可以独立并持续地获取专业相关知识，不断促进自我发展，这样才能掌握最新的知识和技能。

3. 情感和行为

情感是心理活动之一，是个体对态度对象的体验，产生接纳或拒绝、喜欢或厌恶、热情或冷淡等情绪，它与认知、行为一起构成态度。在护理活动中，护士与患者处于一种照顾与被照顾的地位，这是一种人类的特殊活动，活动的双方都是人，是有血有肉的个体。因为护理活动虽以护士的知识、能力作为中介，却又离不开人所应有的情感因素，并表现在具体的活动中。护士在护理活动中的情绪状态和情感体念，如对专业的热爱、对技术的钻研、对患者的热情等是护理职业情感的表现。这些情感的体验多数是来自护士对自身专业的理解、认同及对专业知识的掌握度。

因此，护理教育要培养护士对职业的认知，促进职业意识的培养，提高其职业技能，让学生在学习的过程中能够加深对护士职业性质的认识，了解其特点，能够正确把握护理工作在卫生系统中的地位，知道护理对人类的健康活动起着重要的作用，因为了解这一职业的伟大而更加热爱这一职业。其次，还要培养护士的职业情感，让护理专业的学生能够提前对自己将要从事的职业有所体验。人们对一种职业只有有了强烈的情感，才能真正从内心理解自己从事的职业，明白职业的需求，这样也才会更加热爱自己的职业。不管外界对自己有什么样的看法，都能以自己的职业为骄傲，这就是职业情感，它能够促使人们对自己的工作尽心尽责，并且不带任何强制和被动性，自觉地贯彻职业道德规范的内在要求。另外，在培养学生护理职业情感的过程中要引导学生形成正确的护理职业态度，要让学生热爱护理专业，对患者富有爱心，增强学生的责任心，养成良好的职业态度和职业道德。

人们有目的的由简单的动作构成的活动就是行为。无论人们承担着什么样的社会责任，在履行的过程中都要让自己的思想和行为遵循职业特征的准则和规范。就拿护士来说，根据护士的职业特点，他们要遵循一些公认的规范和准则，其中就包含了法律法规、伦理道德、社会习俗等内容。护理这个岗位的主要职责就是对人类的身心健康进行维护和促进，并且针对护理的岗位，随着社会对健康的认识更加深入，人们也越来越想要维护自己的合法权益，有了较高的维权意识，因此社会在立法、执法、守法和用法方面更加频繁。卫生法的制定和实施对护理工作起到了控制、保护和规范的作用。护理工作者不能只依靠道德和规范对自己进行约束，还要学法、懂法，学会从法的角度解决各种问题，调整各种关系，不断维护人的身心健康，也维护自己道德合法权益。

护理工作十分艰辛，不仅要付出脑力劳动，还要付出更加繁重的体力劳动。所以，对护理专业的学生进行体能方面的训练也是非常有必要的。可以在训练的过程中选择一些和护理有关的项目，比较常见的如耐力跑，良好的站、走、坐姿的形体训练，也可以教授学生太极拳，这样让学生培养良好的体能，有一个强健的体魄，并形成良好的运动习惯，才能胜任繁重的体力工作。

在高职护理人才培养的过程中，要注意培养学生的职业情感和职业行为，训练学生的体能，培养学生的能力。

（二）教育模式的论证

我国的护理教育随着长期的发展，必然要走上一条"素质教育模式"的道路，同时也是由于国外的先进护理教育经验的影响，新的医学模式的转变造成的护理模式的改变和现在的教育模式之间存在矛盾，为了适应并改变这种矛盾才选择这种模式。"素质教育模式"反映了高职护理教育的本质特征和规律，并且具有很强的可行性。

1. 护理专业"素质教育模式"是护理教育历史发展的必然

我国的护理教育从刚开始的职业培训、医院护理教育发展到后来的学院教育模式。高职护理教育一共经历了两种社会制度，从中华人民共和国成立初期到20世纪50年代，这一阶段的护理教育主要是中职阶段，没有开展高职和本科护理教育，这两个学历层次的教育停办了30年，一直到80年代初，高职护理专业人才培养才开始恢复，从这以后，高职护理教育就在摸索中前进。护理教育模式的基础就是医学教育模式，之所以尽快发展高职护理教育，就是因为临床紧缺护理人才。20世纪90年代，护理学科进入了飞速发展的时期，其职能也在不断扩大，这对人才的培养又有了新的要求。在这一时期，之前一直实行的医学教育模式逐渐先露出弊端，开始慢慢需要改变这种教育模式，以护理专业为特色，走护理专业特色的教育模式，学科更加具有独立性，要根据医疗卫生的需要来培养人才。到了21世纪初期，高职护理教育得到更大的进步，开始加强护理人才培养中对行为、情感和体能的培养，教育模式变成了通识教育＋职业（专业）教育＋情感行为培养的教育模式。护理专业素质教育模式就是对这一模式的进一步发展，将高等教育和护理职业教育结合起来。

2. 护理专业"素质教育模式"是国际护理教育的共同特征

根据对美国、英国、澳大利亚等发达国家的护理教育模式的研究和了解，可以总结出各国护理教育都是开展的"素质教育模式"。英国的护理教育在学生入学前就会让学生完成相应的通识教育的课程，入学后，在第一学年开展基础课的学习，之后再进行专业课的学习，参与护理临床的实践，他们的教学过程由教师主导，以学生为主体，参与"多边活动"，这样可以将学生的学习能力激发出来，帮助他们培养发现问题和解决问题的能力。在澳大利亚，护理专业的教育也是3年学制，在第一年开设的课程是关于人文、社会、医学的基础课和护理主干课程，第二年是偏专业性的课程，以护理专业为主线，开设的课程包括健康教育和护理治疗学、家庭护理等，第三年主要是以护理专业课为主，采用不同的教学方法，重点培育学生的批判性思维和创造性思维。

美国在护理教育方面已经形成了成熟的教育体制，并且开展的教育模式也具有多样性。社区学院开设的护理教育其学历层次和我国的高职护理教育一致，2年学制，由普通教育和专业教育组成课程，更加倾向于培育学生的实践能力。

根据上述几个国家的护理教育模式的介绍，可以看出其教育模式具有很大的相似性，既要培育学生的通识方面知识，还要开展职业教育和职业素养的培育。在教育的过程中还要开展各种临床的训练，包括课间病例见习、毕业实习、阶段性的临床岗位教学实习。这样学生就有更多的机会去亲自动手操作，一边学习一边实操，更好地消化吸收所学的知识，有能力解决患者的实际问题，积累自己的专业素养。

3. 护理专业"素质教育模式"是高职护理人才培养的本质特征和主要规律的体现

护理专业素质教育模式能够将高职护理人才培养的本质特征和规律体现出来。高职护理人才教育的基础就是高等教育，这也体现了高职护理教育属于高层次的教育。高职护理人才培养囊括了通识教育和职业教育，这也体现了其综合性和基础性的特征。高职护理教育本身就具有职业性的特征，可以从学科的基本理论知识、基本护理操作技能以及职业态度的教育中体现，这是对职业性的要求，也体现了护理岗位的需求。专家和教师都普遍认为，高职护理教育应该加强通识性教育，让专业教育更加突出，并且加强专业技能训练。由此可以看出，高职护理教育模式要依托高等教育，开展通识教育、职业（专业）教育、专业素质培养为一体的教育模式，培养出可以适应新的医学模式的应用型护理人才，体现出其培养的规律。

第三节 高职护理教育人才培养模式的特征与规律

高职护理教育模式，在根本上反映了其教育的本质特征与规律，研究高职护理教育模式，首先要研究高职护理人才培养的本质特征及其培养特点和规律，目的是对护理职业特性有所把握。

一、护理职业特性

职业可以存在于不同的企业、单位甚至行业。职业的特征包括：第一，劳动者专门从事的专门性的工作；第二，为劳动者可以带来经济收入的工作；第三，能够稳定从事的工作。护士作为一种职业，包括了为服务对象提供生活护理、治疗护理、心理护理、健康指导等内容，其具有独特的职业特性。

（一）护士的角色特性

角色原为戏剧模式化的行为。护士角色是指护士应具有的与职业相适应的社会行为模式。护士作为一个受过正规护理教育，具备专业知识的独立的实践者被赋予了多元化的角色。

（二）护理工作的特性

护理工作场所随着医学模式的变化和护理模式的发展，从原来医院临床一线扩展至社区、家庭。同时护理工作内容从疾病护理扩大至健康促进，主要表现在以下几方面。

（1）护理工作的独立性和主动性：由于护理是"诊断和处理人类对现存的或潜在的健康问题的反应"的一门独立学科，因此护理人员在不违背医疗原则的前提下，具有开展独立工作的职责，遵循"评估—计划—实施—评价"护理程序，科学地、全面地、主动地为人类健康服务，提高整体人群的健康水平。

（2）护理工作的科学性和技术性：作为一门独立的学科，护理学的知识具有综合性，除了熟悉自己本专业的知识，其他学科的知识也要具备，具有很强的科学性。随着现代护理知识的发展，不仅是理论性的知识，实践的操作技能以及新的技术等不断更新，需要不断解决新的临床问题，增加各种基础的护理知识，熟练各种专科护理技能。

（3）护理工作的艺术性和协调性：护理不只是一门学科，还可以看成是一门艺术。人是护理的服务对象，护士不仅要帮助患者恢复身体的机能，还要从心理上提供帮助。人们的需求总是不同的，面对形形色色的人，护士的工作需要很强的责任心，要有精细的服务艺术，这样才能满足各式各样的患者的心理和身体的需要。一个小小的病区就可以看成是一个小型社会，护理人员不仅要和患者打交道，还要和医生、后勤、家属、行政管理人员、医技人员以及单位工作人员等进行沟通，比如说和医生沟通，对患者的治疗方案和护理方案进行交流；和营养师沟通，安排好患者的膳食。患者就是工作的中心，护理工作就是工作主体。护理人员要有能力将各方的关系协调好，早日协助患者恢复健康。

（4）护理工作的时间性和连续性：护理工作具有很强的时间性，在护理住院的患者时要严格按照和主治医师商议的护理方案进行，每一个程序都有时间规定，尤其是对危重患者进行抢救治疗更是要争分夺秒。另外，护理工作没有间断性，必须24小时连续进行，这就要求护理人员必须具有很强的时间观念。

由此可见，护士工作范围广、内容具体、科学技术含量高，因直接对人类生命负责，其职业特性也就尤为突出。

二、护理人才培养本质特征

事物的根本性质就是本质，本质是组成事物基本要素的内在联系。事物的本质是怎样形成的？因为事物本身就有一些特殊的矛盾，这些矛盾组成了本质。高职护理人才培养过程中也有特殊矛盾，就是因为学校的办学模式、课程模式以及教学模式被传统的教育模式深深影响。虽然现在已经开展了一系列教育教学的改革，但是并没有得到本质上的改变。现在并没有形成规范的临床用人单位量才使用，这就让人才的培养和教育模式的改革受到更多的阻力。我们在高等教育活动中采取的任何措施其目的都是想要将现实和要求的矛盾消除，即使不能消除也尽量缩小。高职护理人才培养活动根据这一矛盾，呈现出高层次、职业性和综合性的本质。

（一）高层次性

高职护理教育仍属高等教育的范畴，而根据其岗位的性质，具有职业性，所以是高等教育与职业教育并重的层次和结构，现代护理的发展（专业化、智能化、高科技化）使新的技术已进入临床护理岗位，护理人才不仅要有爱岗敬业精神，还必须掌握高级技术的知识结构和智能结构，现代职业护理教育中有中等职业教育与高等职业教育，接受这两种教育的学生毕业后共同工作在同一领域的岗位上，但随着临床护理专业的发展，中职护士的适应力和胜任能力显现出不足。

护理职业岗位作为特殊的职业领域，护士须接受专业教育和训练，掌握护理专业知识、专业技能，培养良好的心理素质和职业道德，这种专门的教育和训练建立在护理教育体系中较高的层次，这种高层次不仅与城市经济发展有关，也与卫生事业发展中人力资源的合理配置和提供社会优良服务有关。

（二）职业性

作为一种职业，护士自然也具有职业的本质和特性，以这份工作作为主要的生活来源。判断一个职业是否属于专业性职业可以参照以下六条进行判断：第一，属于正式的全日制的职业；第二，有极大的社会效益和经济效益；第三，具有专业素质和伦理法规；第四，高度自治；第五，拥有一个有着深奥知识和技能的科学知识体系，也拥有传授和获取知识技能的完善教育和训练机制；第六，获得了国家特许的市场保护。

护士职业完全符合这六条标准，属于专业性职业，护理人才的培养应该具有专业人才培养的职业特征。

（三）综合素质

护理实践活动具有很强的综合性，包括基础知识、专业知识、人文知识和专业技能等，是一种创造性的劳动。作为护理的实践者，护理人员直接面对各种患者，并对患者进行健康护理工作，在护理过程中体现了护理的理念和技术，不仅要了解护理知识，还要了解预防保健、医疗、药学等知识。因此这就要求护士在掌握专业知识和技能的同时，还要了解人文社会科学的知识，对于护理相关方面的知识，包括管理、教育以及科研等都要涉猎，同时也要养成过硬的思想道德素质和心理、体能素质等。

三、护理人才培养的主要规律

客观事物的组成要素之间产生的必然联系就是规律。作为一种专业性职业，护士的培养就是在培养专业的人员，因此护士的培养也属于特殊的专门职业教育。高职护士的培养不仅要按照医学护理教育的基本规律进行，还要遵循教育和高等教育的普遍规律。护理教育的规律要求学校教育要和社会发展的需求相匹配，并且要和卫生事业的发展相适应，也要适应护理学科的发展，这样才能培养出综合素质全面提高的人才，因此可以说高职护理教育也属于全面的素质教育，因此一定要根据教育的规律来推进护理人才培养。

（一）医护密切结合的主要规律

护理教育属于医学教育的子系统。医学包含了医学科学知识和医学实践活动，将理论和实践相统一，我们了解的医学活动的目的可能只是帮助人们治病，救死扶伤，但是更加深层次的医学活动的目的我们也要了解，即帮助人们恢复受伤的身体，增强体质。医生的职责是帮助人们消除病痛的折磨，帮助人们恢复健康的身心。护理工作其实也是一样的，护理的服务对象也是人，是为了让患者预防疾病、维护健康并且减轻病痛。医生和护士的职责是相同的，所以不管是在日常的工作中还是在医疗卫生体系中，医生和护士的工作都是在一起的，两者缺一不可，医生和护士密切配合才能让患者早日恢复健康。

关于医学相关的知识，只要是关于生命的，医学专业的学生必须掌握的部分，护士专业的学生同样也要掌握，当然这两者对知识的掌握深浅程度不同，也有不同的侧重点。护理教育要根据培养目标选择教学的内容，同时服务的对象不同会实施不同的医疗护理方案。护理教育同样也适合采用理论和实践结合的教学方法，医疗方案和健康教育方案都需要护士实施，所以培养护士的一个重要方法也包括医学实践教学。

（二）产学结合教学的主要规律

产学结合也可以称为校企合作，学校和相关的企业共同配合推动人才教育，一起商讨培养的方案，并且按照专业对应的岗位或岗位群将人才培养的目标确定下来，设置好课程的体系，制订好人才的规格，然后开展适合的护理教学方法，最后学校和企业共同对教学质量进行评价。校企合作可以让人才培养在数量和质量上按照需要进行，学校和企业之间是双向培养的关系，今后学生的就业属于定向的培养，"量身定做"，这就使得原本固定的培养模式被打破，学校的教育教学更加具有针对性，根据社会的需要进行人才的培养，这样培养出来的学生会拥有良好的职业素质和职业能力，人才质量进一步提高。促进了培养与就业的零距离对接 [1]。

从高职护理人才培养的规律来看，护理作为一种专门性职业教育，在现有条件下可采用产学结合的方式实施教育教学，这有利于学生掌握职业知识、职业技能、职业规范和职业道德。

（三）高等教育与职业教育的主要规律

高职教育既有职业教育的属性，又兼有高等教育的属性。职业教育的培养目标和对象针对的是职业岗位，主要是一些技术应用型和技艺型的岗位。普通高等教育之前是高中文化程度的教育，高中毕业后进入大学就会开展基础学科教育，这就是国际教育标准概念的第三极教育，职教和高教都体现了这一属性。护理职业教育和卫生领域直接相关，是卫生服务的教育，因此直接将教育和就业联系起来。而高等护理职业教育的提出和实施，则体现了护理职业教育高移化和终身职业教育的发展趋势，适应了医学科学技术的发展和人民群众对健康服务不断增长的需要。高职护理教育作为一种特殊的专门职业教育，对护理学生的知识传授、技能训练、职业的行为规范及道德养成也形成了护理独特的教育训练体系，而完成这样的教育需要有专业的教育机构进行专门的教育和训练，从而帮助护理专业学生获得职业能力。在帮助学生获得专门职业能力的同时，重视专业知识和理论知识的学习，并向学生进行专业思想教育，教诲学生专业习修、道德工作关系和专业领域的行为，使高职教育更具有较高的知识素养和职业素养。

第四节　高职护理专业"素质教育模式"的具体构建

通过综合分析和研究高职护理教育模式所体现的人才培养的历史演变，在国外护理教育模式的启示、现状分析和理论研究的基础上，提出体现护理自身学科

---

① 熊琦，孟宪刚. 高职教育人才培养模式的创新 [J]. 大学教育科学，2005(1)：92-93.

发展和社会对护理人才的要求，以及适合学生发展的重护理专业素质的高职护理教育模式。在此基础上按照护理教育模式的学理研究结果，从培养目标、培养制度、课程体系、培养途径、质量评价五个方面进一步分析和探讨护理专业素质教育模式的具体内容。

一、护理人才培养目标

培养目标在教育工作中占有重要的地位，它不仅是教育教学活动顺利开展的前提和基础，同时也是教育活动的归宿。所谓培养目标就是在国家总的教育目标指导下，各级各类学校对受教育者的发展方向、教学内容及应达到的规格所提出的要求。高职护理教育作为高等教育的组成部分具有自身专业教育的特殊性，在培养护理人才过程中也应在国家教育方针指导下，服务于社会的需求和人的需求，确定培养目标，实现社会本位与个人本位和谐统一。在高职护理教育中，社会本位体现教育要满足国家社会发展的需要，也要体现教育满足卫生事业发展和人民群众对健康服务需求的需要。个人本位则体现教育要满足学生个人身心发展需要，既要培养学生能胜任护士岗位的能力，也要满足其职业生涯发展的需要。高职护理教育的人才培养应当培养适应 21 世纪现代健康卫生服务需要，德、智、体、美等方面全面发展，基础理论深厚、专业知识扎实、专业技能熟练，具有职业情感，能在健康卫生服务第一线从事护理、预防、保健、康复、健康宣教等工作，具备职业生涯发展基础的高等技术应用型护理专门人才。

这一培养目标反映了在教育中将自然科学、人文学科、社会科学的和谐统一与政治教育、职业教育、情感行为、体能培育结合，反映了普通教育与职业教育的结合，反映了职业教育与岗位能力培养的结合，其培养途径是通过知识要求的理论教学、能力要求的实践教学、情感行为要求的专业素养培育，达到高职护理培养目标。

（一）通识教育目标

教育的根本目的是育人，通识教育也不例外，不论是培养富有责任感的公民、有教养的人，还是完整的人，实质上都是如何做人的教育。通识教育突出了对人文、社会、自然学科等知识领域的"通"，从而达到"识"，成为一个有见识的完整的人。在护理教育中，通识教育的目标就是要把护理学生培养成合格的、有文化、有专业素质的高级护理人才。因此在护理教育培养中，通识教育的目标是：第一，使学生掌握马克思主义哲学、经济学和政治学的基本观点，学会应用马克思主义的基本观点观察、分析社会现象和现实问题。第二，树立正确的世界观、人生观、价值观，热爱祖国，热爱社会主义，拥护中国共产党的领导，有坚定正确的政治方向，懂得公民的权利和责任，有公民义务感、社会责任感，正确处理个人利益与集体利益的关系，道德高尚，遵纪守法，学会与人相处，能适应各种社会角色。第三，热爱护理事业，具有亲和、端庄的仪态，严谨、勤快的作风，良好的职业道德和为护理事业献身的精神，以高度的同情心和责任感全心全意地为人民健康服务。第四，了解中西文化发展的不同阶段的基本内容，了解我国社会制度的性质、基本结构，以及公民生活、民族宗教等知识，获得对我国社会的全面认识。了解当今世界发展的文化内涵，学会从全球视角观察、分析问题，懂得如何与不同文化背景的人相处和为不同文化背景的人提供健康服务。第五，具有较好的中文、外文基础，能阅读和欣赏文学作品和艺术作品，领悟美的真谛，培育学生欣赏美、体验美、创造美的意识，并升华对学习美、生活美、工作美的追求。第六，获得较合理的能力结构，包括科学思维能力、认知能力、语言和文字表达能力、信息处理能力、认知能力、对伦理价值的鉴别和判断能力，以及交流合作能力。

总之，通识教育的目的在于能使学生获得合理的知识结构和能力结构，以及丰富高雅的情趣，克服专业教育带来的片面性和局限性，使学生的潜能得到挖掘，学生的才能和素质尽可能地得到发展，成为一个有理想、有道德、有文化、守纪律的合格人才。

（二）职业（专业）教育目标

职业教育的培养目标从构成内容来看，它是由培养方向和培养规格两个部分组成。培养方向指受教育者将应在社会中扮演什么角色，而培养规格是指受教育者的科学文化、专业素质、思想品德、身心素质应达到的水平。高职护理教育的目标是使学生通过专业的教育与训练，培养学生胜任社会职业中的护士角色，具体的目标如下。

（1）掌握护理专业必需的基本医学知识、护理知识和护理技能，了解护理专业的发展前沿及发展趋势。

（2）掌握整体护理方法，能以护理对象为中心，运用护理程序收集患者资料，分析和诊断一般健康问题，制订护理措施，实施身心护理并进行效果评价。

（3）掌握护理专业必需的护理理论知识，培养对常见病、多发病病情的观察和常用药物疗效、反应的观察监护能力，具有对危重症患者的初步应急处理能力及配合抢救能力。

（4）掌握护理专业基本技能，在实施护理措施中，具有规范的基础护理和各科护理的基本操作技能。

（5）能运用预防保健知识，按照人的基本需要和生命发展不同阶段的健康需要，向个体、家庭、社区提供保健服务。

总之，职业教育的目的是通过使学生学习生命科学的基本内容和健康与疾病的动态发展以及医疗、护理的基本理论知识和基本技能，培养学生的专业素质，为学生毕业上岗打下坚实的基础。

（三）专业素养培育目标

专业素养培育的目标应该是科学精神与人文精神的高度统一，所培养的学生应该既有严谨求实的科学精神和技术本领，又有高尚的医德修养和美的情感，能够适应工作实践和社会发展需要，能够实现医学的最大价值和满足人们的最大需求，成为"一专多能，全面发展"的医学人才。高职护理教育中素质教育的具体目标如下。

（1）具有"三热爱""一奉献"精神，护士应热爱祖国、热爱人民、热爱护理事业；具有不断进取的精神，以饱满的热情投身于祖国的现代化建设；具有正确的人生观、价值观以及自尊、自爱、自强、自制的思想品质；具有正视现实、面向未来的眼光，坚信护理事业是人类崇高的事业，全心全意为人民服务；具有为人类健康服务的奉献精神。

（2）具有良好的职业道德，护士职业道德的核心是救死扶伤和人道主义，这也是护士职业良心的具体体现。对患者有高度的责任心、同情心和爱心；忠于职守，廉洁奉公；想患者之所想，急患者之所急。

（3）具有较高的慎独修养，慎独是指一个人独处时也能谨慎不苟。护士的慎独修养是以诚实的品格及较强的责任心为基础的，而诚实的品格及慎独修养正是护士高尚的思想情操的具体表现。

（4）具备必要的自然科学、社会科学、人文科学知识，需要有一定的外语及计算机应用能力。

（5）掌握完整的基础护理和专科护理的理论知识及技能，这是衡量护士素质的标准；具有一定的预防疾病、保护健康及运用护理程序的工作方法及观察、分析、解决人的健康问题的能力。

（6）具有心胸开阔、坦诚豁达的气度，严于律己，奋发图强；有高度的正义感，保持愉快乐观的心境；有较强的适应能力，良好的忍耐力及自我控制力，善于应变，灵活敏捷；有强烈的进取心，不断获取知识，丰富和完善自己。

（7）具有健康的体质，仪表文雅大方，举止端庄稳重，衣着整洁美观，待人热情真诚、彬彬有礼，精力充沛、朝气蓬勃；护士的作风应忙而不乱、有条不紊、善始善终，各项工作按计划一丝不苟地及时完成。

护士的素养包括先天拥有的和后天养成的，因此，要将护士的选拔和培养结合起来，在选拔方面，要录取一些适合做护士的学生入学，当这批学生进入大学之后，要在整个教育活动中始终贯彻对护士素养的培养。护士的素养要求要在课堂上明确告知学生，并要严格训练每一位学生。使每个学生都能对护士的必备素养内容和目标有明确的认识，并且还要使学生在日常学习过程中不断锻炼自己，查漏补缺，找到自己的差距和难点，赶上进度，不断养成良好习惯。在临床实践时，要对忽视的必备素养进行巩固和渗透，不断激励自己成长为一个全面发展的护士。

二、高职护理教育人才培养制度

高职护理教育人才培养制度是国家教育制度的体现，也是教育工作能够得以顺利开展的保证，是国家教育目的和各级各类学校培养目标实现的保证，包括修业年限、教育方式、教学管理制度、学生管理制度。

（一）修业年限与教育方式

高职护理人才培养实行不同的修业年限和教育方式就会产生不同的培养效

果，同时这也会影响护理人才培养的宏观制度设计，这和学校的教育制度和高职护理院校的教育体制都有关系。

学制是一个国家不同级别和类型的学校系统和运行规则的体系。学制的规定包括学校的性质、任务、学习的年限、培养的目标、领导体制以及入学条件等，这几种要素之间纵向和横向的关系也受到学制的影响。学制是一个国家对下一代教育最严密和最有效的制度。不管是国外还是国内的高职护理教育的学制都是 3年。当然高职实行的"3 + 2"或五年一贯制除外，高职护理教育都是 3 年，1 年的临床毕业实习也包含在内。

在美国，护理教育中包含一种社区护理学院道德教育，这种学院实行的是 2年制护士教育，但是想要进入这类学校接受护士教育就一定要在之前完成通识教育的课程学习，获得学分、达到要求才能入学，进入学校后直接接受专业教育，在这两年中，学院和医院两类学习和实践的场所是交叉配合教育的。但是根据我国的受教育者身心发展的特点和规律，我国的护理教育的学习年限更加适合 3 年。

在教育方式上，要改变传统的学院型一元制模式，而采用二元制（学校、医院合作模式），即通识教育、职业教育与岗位训练相结合，其中通识教育、职业教育与专业素质的形成在时间、空间上实行交叉渐进式推进。

在专业技能实训中按岗位综合技能和岗位专门化方向进行，以增强学生岗位任职能力，这种教育方式的优点在于，以护理专业为主线，以专业素质的培养为目标，通过通识教育、职业教育的知识传授、技能训练来完成。

（二）教学管理制度

高职护理教育运行依赖于教学管理制度，这项制度会影响人才培养的方向性。经过大量研究，我国高职护理教育的教学管理制度需要做出如下改革。

1. 实行学年学分制

根据调查，我国基本上所有的高职院校采用的都是学年制管理制度，这一制度虽然有自己的优势，但是最大的弊端就是缺乏灵活性，不能开展因材施教。因此，最佳的办法就是将学年制改成学分制，在这种制度下，学生就会有更多的机会选择自己感兴趣和需要的课程，学分制可以和教学主要环节集中实施、毕业就业推荐相适应。同时也要辅助建立起相同地域、跨校区学分互认制度，学校之间的交流和沟通也能更加顺畅。

2. 建立学分制管理的各项制度

建立起课程免修制度、选课制度、导师制度等，学生可以自主地选择课程。

3. 设立专科护理方向教育

高职护理教育在目前来说仍属于综合性通科教育，学生毕业之后才开始进行专科教育，但是学生毕业之后是要进入护士职场的，缺乏专科的知识和经验就很难在专科护理岗位上快速上手，作为具有明显职业性的高职护理教育，临床真正需要的都是拥有专科经验的护士，并不是只掌握理论知识的学生，这种情况偏离了社会岗位的需要和职业教育的方向，基于此，可以在一些选修课中设置一些专科课程，让学生有机会尽早接触专科知识，为今后真正踏入职场打下基础。

（三）学生管理制度

学生管理要围绕护理专业素质养成、课程学习质量提高、学生自主管理和职业能力培养展开，建立以人为中心、以学生发展为本位的管理制度，使学生管理服务于人才培养，朝着有利于学生学习，有利于学生职业素质的养成，有利于学生能力提高的方向发展。课堂教学中要发挥学生的主体作用，引导探究性学习，课余发挥学生自主管理能力，开展丰富多彩的校园文化活动，校内校外提供各种平台，让每一个学生都能施展自己的才能，在学习中学会学习，在生活中学会生存，在实践中学会工作，让学生在严格、规范、宽松、活泼、自由，自主的环境中得到锻炼成长。

三、高职护理教育课程体系

任何专业所开设的课程都是为了服务于培养目标。人才培养目标教育和训练的内容范围与安排，其总和也就是课程体系，高职护理教育课程体系要始终围绕培养的目标，要将护理岗位的知识体系和技术能力的理论和实践教学相结合，形成专业素质的课程框架，这样才能符合护理专业特色。

现阶段护理教育课程的主要问题是理论知识偏多，问题都比较艰涩高深，并且课程多以临床医学为学科中心，要解决这些问题就要突出护理岗位的知识体系与技术能力，根据护理岗位知识形成专业基础课程，人文、社会课程，专业选修课程，专业课与教学实习，形成岗位综合技能实习和专门化方向实习的具有现代护理专业特色的课程框架。改革后的护理课程不能按照学科的要求进行设置，要以适应护理职业岗位群的职业能力为中心，其组成的要素包括通识教育课程、岗位综合实习与专门化方向实习、专业核心课程、专业选修课程。其中，通识教育课程按照专业学习的要求，分为专业基础课和专业技能课。专业技能课主要是为了解决人的健康问题，要以任务引领为主线，让学生通过各种专业实践案例学会发现问题并解决问题。专业选修课可以帮助学生开阔视野，增加知识的广度，提高学习兴趣，让自己的综合素质不断提高。整体上使学生的专业基础、专业技能、职业素养和人文知识等方面不断提升。

（一）合理设置符合护理专业特色的课程内容

护理教育面向的自然是护士岗位，属于职业教育的一种，因此要将学生的职业追求和岗位需要的职业标准突出出来。护士岗位主要包括社区护理、临床基础护理、老年护理、保健护理等与护理相关的岗位，因此教学的内容也就围绕着这几项。还要根据大体上的方向设置专业的课程，其中就包含成人护理、老年护理、儿童护理、医用化学和护理技术（以卫生部颁发的护士必须掌握的 50 项操作为基础）、正常人体学、母婴护理、药物应用护理、社区护理、疾病学基础等，还要增加一些特色课程作为辅助，比如，心理与精神护理、门、急诊护理、人际沟通与护理礼仪、营养与护理、护理安全等。

护理教学的课程内容都要和护理工作的岗位知识、技能和专业素养相关，这些知识都是岗位所必需的，并且还要够用，属于应用性的知识，不能让课程内容产生学术性偏向。在技能培养方面，要不断训练学生在岗位上所要用到的知识和技能，帮助护理的对象解决健康的问题。职业情感的培养体现在全过程的教育教学中，既包含智能、技能，也包含社会规范和心理品质，这些都需要培养。这样培养出来的人才和护理岗位能够相适应，学生多学的知识也正是护理岗位所需要的知识，这样也能加强学生的岗位适应能力。

（二）合理安排符合护理专业特色的课程课时比

护理专业具有很强的实践性，因此要将护理专业的理论和实践的关系处理好，传统课堂中认为实践是理论的延伸和应用，这是错误的观点，实践的地位和理论是同样重要的，应该提升到主体地位，理论的基础地位要转化为附属地位。要将理论教学和实践教学的课时比重以及课堂教学、临床教学和实习的比重处理好。护理专业的课程，在课时的比例上，理论和实践应该达到 1∶1，最高不能超过 1∶1.5，学校的教学和临床的教学也应该是 1∶1 的比例。要始终以解决人的健康问题为任务中心，经常开展模拟护理的情景训练，让学生在这个模式体验的过程中掌握更加扎实的护理技能，能够在今后的实际工作中灵活运用，提高职业素养，然后通过临床护理岗位和实践将护理的知识和技能不断巩固和内化，并且不断发现新的问题，学会解决问题，运用新的知识和经验指导自己的工作实践，不断提高自己的护理技能。

（三）培养学生职业生涯持续发展的能力

21 世纪是一个需要终身学习的时代。以前，人们在年轻的时候积累的知识和技能可能就够自己一辈子使用了，但是在今天这种初始阶段积累的知识并不够今后使用，要在自己能够学习的年纪抓住一切可以抓住的机会不断学习，根据社会的发展不断更新自己的知识和见闻，强化和更新最初的知识，这样才能面对不断变化的世界更加游刃有余。学生的职业生涯发展其实是个体自身发展和社会经济发展的结合，要从学生发展和知识基础的特点出发，以护理为主线，根据学生学习掌握的知识规律和学生学习记忆的规律来科学安排课程，这样才能更加符合护理教育的心理学原理和学习的各种原理，使学生的学习效率提高。要使得学生的学习能力的培养融合进教学的过程中，让学生不仅学会各种知识和技能，还要学会自考和学习，学会和他人沟通，这样学生才能在今后的职业生涯中拥有持续发展的动力，更加有利于今后的求职，加快适应新的职场。

四、高职护理教育人才培养途径

培养途径分为教学途径和非教学途径。当前，高职院校的培养途径出现了一些问题，比如，教学方法比较陈旧，因此教学途径的改革也应该提上日程。

（一）课堂教学

如果要将课堂教学的方法进行改革，就要将传统的学科型教学方法进行改变，传统教学向来是以教师为中心，教材为中心，讲台为中心，要改变学生的课堂地位，以学生为主体，不能采用以前的"满堂灌"的教学方法，让学生在专业范围内构建起自己的知识体系。善于学习国外的成功经验，可以根据教学内容特点设计相应的教学方法，采用多种教学方法相互辅助使用，比如角色扮演法、问题导入法、案例教学法等，也可以引入以问题为基础的教学方法，让学生可以根据提出的问题来分析和理解，对书本知识和现实中的经验深入体验。实践教学要以任务引领的方式让学生一边做一边学习，学做一体，形成情境教学的方法，这样学生能够身临其境，感受到真正的现实情境，规范操作技术。

（二）课外课动

不断丰富第二课堂，可以根据学生的喜好建立起校园文化俱乐部，或者成立一些兴趣小组，当然，这些组织和活动还需要相应的制度来保障其有序开展，将学生的潜能挖掘出来，发挥每个人的特长，经常举办各式各样的竞赛活动，让学生有机会展示自己的才能。举办知识讲座，让学生利用好多媒体网络，更新最新知识，将学生的视野拓宽。

（三）实践教学

加强实践性教学，要将理论和实践结合起来，其中，基础护理技术和整体护理技术最为基础，要加强训练。可以根据病种的不同分别在课堂上示教，这样学生就能对操作流程有一个整体上的把握，进入模拟病房练习，对操作的环境也能尽早熟悉，早日掌握操作的方法。还要安排临床见习和实习，学生也可以早日接触病患，对岗位和患者的需求有一定的了解，这样也可以将自己在学校学习的理论知识和临床患者的实际相结合，加快学以致用的步伐。学生从学校毕业后进入医院工作还有一段长时间的岗位实习期，可以采用分段定向实习，在早期的时候主要训练临床岗位技能，后期根据就业岗位的方向实施定向培训，学生的专业技能就在这些锻炼中得到提高，也可以实现以就业为导向、以能力为本位、以岗位需要为依据的护理职业人才培养目标。

五、高职护理教育质量评价

质量评价指的是在高职护理人才培养的过程中实施监控的过程，确保培养的质量。比较常用的质量评价包括考评、考试和考核等。推动高职护理教育专业的素质教育模式的实施，就一定要建立起质量评价体系，并促进其正确执行。

（一）课堂与实践教学评价体系

1. 教师自评

教学评价的首要环节就是教师自评。教师在自评之前要对教学评价有一个清晰的认识，也要明确教学评价的目的。加强教师自我评价，可以让教师重新审视自己的教学态度和教学能力，对自己有一个清晰的认知，增强自我完善的动力，增加对教学工作的重视程度，有一个正确的教学态度。

2. 学生评价

教学的对象是学生，教学的主体也是学生，因此可以看出学生的教学评价在整个评价中具有十分重要的作用。学生评价的是所有的授课教师，将教师进行编码，然后学生在评估表上填写教师的代码，运用光标阅读器阅读，采用电脑统计分析，将结果打印出来。

3. 同行和专家评价

学生虽然可以对教师的教学效果做出评价，但是能够对教师的教学工作提出建设性的意见的是同行和专家。所以，为了促进教师教学能力的提高，要加强对同行和专家评价反馈的重视程度。同行和专家听课可以依据全面听课也可以依据选择性听课的方式来进行评判，为了让教师能够反映出真实的教学水平，可以采用三种方式来确定，教师可以自己挑选，也可以随机收取，也可以专家指定，这样评价的过程会更具科学性和民主性。

（二）考试考核评价体系

1. 学生学业成绩：知识、技能、态度

（1）知识：依据认知学习的规律，学生对知识的掌握如果要进行考评，一般采用的考核方式是形成性评价和终结性评价相结合的方法，可以采用陈述报告、学习交流、案例讨论等方法。将作业、阶段性检测、课堂出勤、发言等作为平时成绩，期末考试成绩与之相结合，算作最后的成绩。

（2）技能：作为一门有着极强实践性的学科，护理学对学生的护理操作技能的考核十分重视。但是想要熟练掌握操作技能就需要一个长期的训练过程，循序渐进，学校的实验室条件有限，很多操作并不能在学校的实验室完成，必须通过临床实习才能彻底掌握，所以，要对护理操作技能根据大纲要求进行必考和抽考项目的区分。一些必须掌握的操作考核项目，比如护理学基础课程中的无菌隔离技术，一定要确保每个学生都考核通过，抽查考核的项目可以分阶段进行，期末和课程结束之前都可以进行。

（3）态度：护理专业要求培养出来的学生必须具备爱心、耐心和责任心，也要养成艰苦奋斗和团结协作的精神，因此对精神和态度上的考核也是不可缺少的。学生的态度反映在课堂的学习情况和实验的练习情况上，尤其是基础护理操作的掌握，不仅需要学生花费大量的时间和精力反复练习，还要求学生自觉参与实验室的管理，整理实验的用品，保护护理模型，参与实验室的卫生打扫等。

2.教师考核学生：理论、技能、态度

（1）理论考试：考题的质量不管是在形成性评价上还是终结性评价上都要确保。不管考核的形式、规模大小，都要有考核的目的和范围，目标层次和考核办法都要明确下来。要尽量采用试卷库或者题库的形式，这样有利于确保考试的公正客观，可以先在课程考试上采用这一形式，然后慢慢过渡到平时的阶段测试和平时的作业。

（2）技能考核：科学性和规范性以及可操作性是技能考核评分一定要遵循的标准。技能考核更加应该突出学生的动手能力、灵活应变的能力和沟通的能力，要根据这几个能力的要求设置相应的分值。

（3）态度考核：定性和定量相结合的方式是考查学生态度的重要方式。除了记录学生的平时课堂出勤率，还应该对学生的课堂参与、学习表现进行记录，另外还要记录课内外的实验练习的情况等。

（三）临床实践教学质量评价体系

1.临床见习

临床见习一般对学生的考核包括两个方面，学习态度和作业的完成。首先，要根据学校或者医院的指导老师的见习带教记录进行评价，比如出勤的情况、平时提问的情况等；其次，参考学生的见习报告，从这份报告中可以对学生见习的情况和得到的成果目标有一个较为清晰的了解。

2.课间实习

学生评价也分为学生自评和带教老师评价。学生要根据一定的要求总结实习情况，并书写下来，这样就可以从总结中看出学生实习的总体情况。然后根据这一实习总结，对教学管理进行调整。

3. 社区实习

社区护理综合能力包含的工作能力有多个方面，包括慢性病管理、孕期保健、健康教育、计划免疫工作、建立家庭健康档案、居家护理等。在对社区实习进行评价的过程中，一定要参考相关项目的评价表，比如孕期保健工作能力评价表、建档工作评价表、健康教育的能力评价表等。社区护理对学生的评价会依据带教老师对学生的意见，再结合社区的家属和患者、社区其他群众和社区干部的意见。

4. 毕业实习

在毕业实习阶段，需要参与的考核包括周目标考核、出科理论考核、出科操作考核以及整体护理考核。首先，周目标考核由医院的带教老师负责，这一考核是不定期抽考的。出科理论考核主要由学校的教师负责，命题、监考以及阅卷都是由医院带教老师来负责的，整体上十分严格。出科操作考核指的是在学生结束某一科室的实习之前，对学生进行一场专科护理和（或）基础护理的单项操作考核，考核的负责人是医院或者学校的老师，考核的内容也是根据每个科室的特点来命题。整体护理考核需要由科带教老师、护士长或总护士长（总带教老师）组成监考小组对学生所分管的一级护理的非危重患者进行床边考核，这一考核有严格的评分标准，能够全面地反映学生的综合能力。

（四）学生综合素质评价体系

1. 思想道德素质

思想道德品质包括职业道德、团队协作精神和奉献精神。对其进行评价可以让学生更加热爱自己参与的护理事业，形成为人类健康服务的奉献精神，有同情心和爱心，并且对患者富有责任心；能与同学、患者、教师、临床各类工作人员建立良好的人际关系；树立较强的社会责任感，乐于奉献，积极参与青年志愿者和社会实践等社会活动；具有诚实的品格、较高的慎独修养和高尚的思想情操。

2. 人文素质

学生综合素质的核心就是人文素质，包括了多维度的内容，比如知识的、情感的以及意志品质等。现代社会，护理人员的工作领域具有越来越丰富的内涵，不只在医院这个场域，还扩大到社区和家庭中，人文素质的要求更加丰富了其内涵。为了培养学生的人文素质，还要培养学生的人文基础知识，提供更多具有深刻内涵的人文教育课程，让学生从中吸取更多的人文知识，然后养成比较扎实的人文知识应用的能力。另外，人文精神的培养同样重要，要完善学生的人格，让学生学会做人，再学会做事。

3. 专业素质

护理专业的学生必须具备扎实的专业素养，具备一定的文化修养和一些必要的护理理论知识，同时也要在实践方面拥有敏锐的观察力和分析力，会根据患者的健康问题采用正确的护理程序和方法。掌握整体护理的基本知识和必需的人文知识；掌握基础护理和专科护理操作技能；掌握护理学基础理论和必需的基础医学、临床医学、卫生保健基础知识；具有对急、危、重症患者的应急处理、配合抢救和监护能力；能独立收集患者资料、分析和诊断一般健康问题，制订护理措施，并按计划实施整体护理和进行健康教育；具有对常见病、多发病病情和常用药物疗效、反应的观察监护能力。

4. 身心素质

心理健康，拥有稳定和乐观的情绪，体魄强健，胸襟阔达。在实际的工作中要确保服装整洁、仪表端庄、衣扣系紧；仪容清新、高雅，姿态柔和、大方；语言内容严谨高尚，符合伦理道德原则；语言温和且清晰，措辞准确；语言真诚，要对患者的隐私权予以尊重；积极与患者沟通，使之积极参与治疗和康复计划。

参考文献

[1] 高占玲，董陆陆.高职院校护理专业人才培养模式探析 [J].中国教育技术装备，2021（1）：51-53.

[2] 姜国才.高等职业教育的研究与探索 [M].厦门：厦门大学出版社，1998.

[3] 郭晶晶.新常态下的区域经济发展与高职教育人才培养模式探析 [J].时代教育，2016（18）：23-24.

[4] 张晔.区域经济视野下的高职教育人才培养策略探析 [J].辽宁师专学报（社会科学版），2016（4）：91-92.

[5] 赵金华.基于科技创新的理工院校创业教育理论研究与实践 [M].合肥：合肥工业大学出版社，2014.

[6] 赵力电.实施人才培养模式创新，契合高职教育发展步伐 [J].文教资料，2013（25）：114-115.

[7] 刘丽君.知识创业教育导论：理工科研究生创新创业型人才的有效培养模式研究 [M].北京：北京理工大学出版社，2010.

[8] 刘勇.协同创新人才培养模式：努力实现高职教育持续发展 [J].新疆职业教育研究，2013，4（1）：5-7.

[9] 陈韵雯.区域经济发展视野下的杭州市高职教育人才培养模式研究 [J].职业技术，2012（8）：16-17.

[10] 欧汉生.创新高职人才培养模式：促进高职教育有效发展 [J].中国成人教育，2012（3）：69-70.

[11] 骆守俭，宋来，陈立俊，等.创业精神导论 [M].北京：高等教育出版社，2012.

[12] 梁红梅.高等职业教育发展中的问题与对策探析 [J].学术研究，2008（7）：66-68.

[13] 孙德林.创新创业多样化人才培养模式研究：基于"本科教学工程""专业综合改革"视角 [M].北京：科学出版社，2014.

[14] 苏姿燕.工学结合人才培养模式可持续发展探析 [J].科技信息（学术研究），2008（3）：468-469.

[15] 楼一峰.关于人才培养模式改革和高职教育发展的深入思考 [J].职教论坛，2005（4）：25-27.

[16] 刘春生，徐长发.职业教育学 [M].北京：教育科学出版社，2002.

[17] 高志宏，刘艳.创新创业教育的理论与实践 [M].南京：东南大学出版社，2012.

[18] 马平均，刘凯开，范宝安.高职教育发展走向探析 [J].中国高教研究，2008（6）：71-72.

[19] 吴金秋.中国高校"融入式"创新创业教育 [M].哈尔滨：黑龙江人民出版社，2013.

[20] 余祖光.职业教育改革与探索论文集 [M].北京：高等教育出版社，2000.

[21] 孙立坤.高职机电一体化技术专业课程体系构建的探索 [J]. 中小企业管理与科技，2012（10）：2.

[22] 黄光扬.学生创新精神与实践能力的培养 [M].北京：国家行政学院出版社，2013.

[23] 段媛媛.高职教育内涵发展背景下的云人才培养模式探索 [J].现代职业教育，2018（20）：104.

[24] 何向荣. 高职教育创新创业研究：基于平衡计分卡理论 [M].上海：上海交通大学出版社，2014.

[25] 姜家雄，杨徐君.高职教育人才培养模式与区域经济发展的适应性分析 [J].高等职业教育（天津职业大学学报），2013，22（2）：34-36.

[26] 韩瑞亭，万春艳，郭秀梅. 高职药品经营与管理专业实训教学模式研究 [J].教育与职业，2011（14）：163-164.

[27] 贺玉兰.科学发展观视域下我国高职教育人才培养模式分析 [J].内江科技，2011，32（5）：178-179.

[28] 张继媛，张鑫，王晓东 . 依托地方特色产业构建工作过程导向的专业课程体系 [J]. 教育与职业，2010（12）：141-142.

[29] 薄爱敬 . 基于区域经济发展需求的高职教育人才培养模式创新 [J]. 教育与职业，2014（23）：23-24.

[30] 赵华明 . 工学结合人才培养模式探析 [J]. 昆明冶金高等专科学校学报,2008（4）：5-8.